KB210449

하늘에
길을 묻다

# 하늘에 길을 묻다

발행일  2013년 1월 1일
지은이  박석재
발행처  상생출판
주  소  대전시 중구 선화동 289-1
전  화  070-8644-3156
팩  스  0505-116-9308
홈페이지  www.sangsaengbooks.co.kr
출판등록  2005년 3월 11일(175호)

ISBN 978-89-94295-43-5
     978-89-94295-45-9(세트)

가격은 뒤표지에 있습니다.

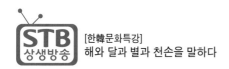
[한韓문화특강]
해와 달과 별과 천손을 말하다

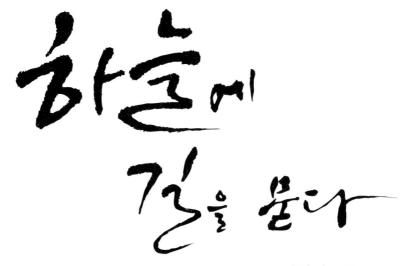

•박석재 지음

상생출판

# 목 차

## 1강 하늘 공부

# 2강 하늘 전통

# 3강 하늘 사상

# 4강 하늘 문화

그림 및 사진 출처
한국천문연구원, 한국아마추어천문학회, 대전시민천문대, NASA 등

## 머리말

### 우리 태극기가 5,500년이나 됐다는 사실을 아십니까?

세계 어떤 나라가 5천 년이 넘은 국기를 가지고 있을까요? 아마 인류 4대 문명 발상지에 있는 나라들도 그렇지 못할 것입니다. 이게 다 누구 덕분이겠습니까? 훌륭한 조상님들 덕분입니다. 우리 민족의 하늘 사랑은 예나 지금이나 변함이 없습니다.

그뿐만이 아닙니다. 태극기는 세계의 수많은 국기 중 유일하게 '우주의 원리'를 바탕으로 만들어져 있습니다. 이만큼 신 나고 자랑스러운 일이 어디 있습니까. 우리나라에만 있는 공휴일은 개천절, 즉 '하늘이 열린 날'입니다. 애국가에는 '하느님', 즉 '하늘님'이 나옵니다. 이처럼 우리나라의 근본이 되는 모든 것들이 하늘에 닿아 있습니다. 우리 민족은 스스로 '천손', 즉 '하늘의 자손'이라 여겼던 것입니다!

저는 한국천문연구원장을 6년간 지냈습니다. 천손의 나라에서 '천문대장'을 지내는 영광을 누렸던 것입니다. 원장 직무를 수행하고 동서양의 우주를 공부하다 보니 우리 민족은 '선민사상'까지 가지고 있다는 사실을 깨달았습니다. 우리나라의 중요한 문제들은 하늘에서 해답을 찾을 수 있다는 사실도 깨달았습니다. 그래서 '하늘에 길을 묻다'란 제목으로 그동안 많은 공무원, 교사, 군인, 학생들에게 강의해왔습니다.

그러던 중 저에게 아주 좋은 기회가 찾아왔습니다. 한문화 중심 채널

STB 상생방송에서 '한문화 특강' 강의를 요청해온 것입니다. 그래서 저는 이 책 내용의 일부를 '해와 달과 별과 천손을 말하다'라는 제목으로 4회에 걸쳐 강의했습니다. 하지만 제 의욕이 지나쳤는지 방송 강의 수준이 너무 높았던 것 같습니다.

그래서 평소 제 강의 내용과 '한문화 특강' 내용 중 가장 쉽고 기본적인 것들만으로 재구성해 이 책을 내놓게 됐습니다. 가능한 한 TV 연속극의 예를 많이 들고 강의 끝마다 실제로 일간지에 실렸던 칼럼을 게재하는 등 여러분이 친숙하게 느낄 수 있도록 최선을 다했습니다. 이 책을 읽은 후에 방송 강의를 다시 보면 하늘을 배우고 익히는 즐거움을 만끽할 수 있을 것입니다.

이 책과 함께 제 역사소설 〈개천기〉를 꼭 같이 읽어주시기를 부탁드리겠습니다. 〈개천기〉는 아득한 우리 민족의 역사와 이 책의 천문학 지식을 어떻게 접목할 수 있는지 명쾌하게 보여줄 것입니다. 아울러 우리 민족 '선민사상'의 뿌리를 실감하게 될 것입니다.

마지막으로 훌륭한 방송 강의를 제작해 준 STB 상생방송 관계자 분들과 좋은 책을 만들어 준 상생출판 관계자 분들께 진심으로 감사드립니다.


개천 5910년(단기 4346년, 서기 2013년) 1월 1일
공부하는 대한민국을 만들고 싶은 한 행복한 과학자

월산 박석재 배

## 시작하며

안녕하세요.

한국천문연구원의 박석재입니다.

인천공항에서 서울 방향으로 자동차를 타고 들어오다 보면 바로 옆 공항철도 레일이 보입니다. 주의 깊게 보면 자동차는 우측통행하고 있는데 지나가는 기차는 좌측통행하고 있다는 사실을 깨닫게 됩니다. 왜 우리나라는 자동차와 기차가 다니는 방향조차 통일하지 못했을까요? 세계적으로 이런 나라는 아마 거의 없을 것입니다.

한마디로, 일제강점기 때는 일본처럼 자동차와 기차가 모두 좌측통행했지만, 해방 후 미국의 영향력이 커지면서 자동차가 우측통행하게 됐기 때문입니다. 바로 우리 역사의 굴곡이 그렇게 만든 것입니다. 그러다 보니 서울 지하철 노선 중에도 국철과 연결되는 것은 좌측통행을 나머지 노선은 우측통행을 하고 있는 실정입니다.

자동차와 기차는 서로 충돌할 일이 없으니 굳이 통행방향을 통일할 필요가 없다고 칩시다. 하지만 오랫동안 시행됐던 '사람은 좌측통행 자동차는 우측통행' 교통체계는 정말 문제가 많았습니다. 왜 사람과 자동차가 통행방향이 달라야 합니까. 룰은 간단할수록 좋은 것 아닙니까. 자동차가 우측통행을 하는 나라에서는 횡단보도에서 오른쪽으로 건너가는 것이 더 안전합니다. 왜냐하면, 횡단보도에 들어서는 순간 자동차가 왼쪽에서 다가오기 때문이지요. 그래서 사람들이 좌측통행하던 시절 우리나라

횡단보도에는 다른 나라에서 볼 수 없는 2개의 화살표가 등장하게 됐습니다.

횡단보도에 그려진
2개의 화살표

횡단보도를 건널 때 사람들이 오른쪽으로 걷도록 유도하기 위한 것이었습니다. 이런 단편적 처방, 속된 말로 이런 '땜빵' 이 도대체 어디 있습니까. 저는 이것이 참 창피하게 느껴졌습니다. 외국인들이 어떻게 생각할까 두려웠습니다. 하지만 사람과 자동차의 통행방향을 모두 우측으로 통일한 지금 이 2개의 화살표는 우측통행을 계몽하는 품격 높은 것이 됐지요. 화살표의 팔자가 확 바뀐 것입니다. 이제 횡단보도에서 이 화살표들을 지워도 아무런 문제가 없으니 언젠가는 사라지겠지요.

이처럼 세상의 모든 일은 근본을 바로잡아야 문제들이 제대로 해결됩니다. 그러면 우리나라의 근본은 무엇일까요? 하늘입니다! 머리말에서 설명한 바와 같이 우리나라는 하늘을 빼면 설명이 되지 않는 나라입니다!

순수한 우리말 '해'와 '달'을 생각해봅시다. 한 해, 두 해, …… 하는 해가 바로 하늘의 해요, 한 달, 두 달, …… 하는 달이 바로 하늘의 달입니다. 즉 지구가 해를 한 바퀴 공전하는 데 걸리는 시간이 한 해요, 달이 지구를 한 바퀴 공전하는 데 걸리는 시간이 한 달인 것입니다. 보름달이 떴다가 다음 보름달이 다시 뜰 때 한 달이라는 시간이 지나가는 것이지요.

따라서 한 해는 360일이요 한 달은 30일이 됩니다. 그래서 사람의 손가락과 발가락이 각각 10개씩인데도 불구하고 1년은 10개월이 아니라 12개월이 될 수밖에 없는 것입니다. 360 나누기 30은 12가 되니까요. 여기서 12, 30, 360과 같은 숫자들은 수백만 년 세월 동안 인류가 밝혀낸 '우주의 암호'라는 사실을 깨닫게 됩니다.

경주 첨성대를 자세히 살펴볼까요. 창문을 기준으로 위쪽과 아래쪽으로 각각 12단의 돌이 쌓여있습니다. 돌의 개수는 창문틀의 돌을 포함하든 안 하든 360개 근처입니다. 그냥 돌을 쌓다 보니까 위아래로 12단이되고 돌이 360개 근처가 됐을까요? 당연히 그렇지 않습니다. 첨성대는 우리 조상님들이 처음부터 정확하게 '우주의 암호'를 토대로 만든 '우주의 상징'입니다. 이처럼 하늘을 아는 눈으로 보면 조상님들의 통찰력도 깨닫게 되는 것이지요. 이런 관점에서 보면 사람이 첨성대 꼭대기에 올라가서 별을 봤든 창문을 통해서 봤든 그게 무엇이 중요하겠습니까.

다시 한 번 강조합니다만 세상의 모든 일은 근본을 바로잡아야 문제들이 제대로 해결됩니다. 대한민국의 근본은 하늘이기 때문에 국민이 하늘을 가까이 대하게 되는 순간 모든 문제가 해결되는 것입니다! 국민이 쉽게 하늘을 가까이할 수 있도록 이 강의를 마련했습니다.

그럼 '하늘에 길을 묻다' 강의를 시작하겠습니다.

경주 첨성대

# 절실한 천문관련 법률

올해 초 일부 휴대전화에 설날이 양력 1월 29일이 아니라 30일로 잘못 나와 다소 혼란이 있었다. 천문연구원에서 연말연시에 걸쳐 적극 홍보했지만, 아직도 많은 사람이 모르니 특히 올해 음력 1월에 출생한 아이가 있는 집은 사주를 다시 한 번 체크해보기 바란다. 예를 들어, 양력 2월 10일은 음력 1월 13일이 옳은데도 불구하고 1월 12일로 잘못 알 수 있다는 뜻이다. 다행히 잘못된 경우도 양력 2월 28일이 음력 2월 1일로 바로 잡히면서 문제는 사라진다.

일부 휴대전화의 음력 날짜가 틀린 이유는 소수의 잘못된 전통 만세력을 이용해 입력했기 때문이다. 소수 만세력이 100% 맞지 않는 가장 큰 이유는 우리가 동경 135도를 기준으로 현재 시각을 운용하기 때문이다. 한마디로 현재 우리가 사용하는 시각이 옛날 자·축·인·묘…… 시각과 다르기 때문이라고 생각하면 된다. 우리는 1년 내내 30분씩 서머타임을 실시하고 있는 셈이고 해는 정오가 아니라 대략 12시 30분에 정남 방향에 온다는 사실을 잊지 말기 바란다. 예컨대 서머타임이 시행됐을 때 태어난 사람의 사주는 옛날 시각과 1시간 30분이나 차이가 나 별 의미가 없지 않겠는가.

이런 일들을 계기로 나라의 근본이 되는 천문 관련 법률을 짚고 넘어가고자 한다. 믿거나 말거나 현재 천문연구원이 월력요항을 발표하는 법적 근거가 전혀 없다. 예컨대 개인이 마음대로 달력을 만들어 배포해도 규제할 수 있는 근거가 없다는 뜻이다. 대한민국 현행법령집 제18편(책 19권) 제4장 천문 관련 내용을 보면 표준시 조항 하나만 있고 절반이 여백으로 있다.

이제는 우주 시대다. 국가의 근본이 되는 책력을 제정하고 천문현상발표를 명시하며 천문정보 확산에 기여함을 목적으로 하는 '천문업무' 관련 법률이 필요한 시대다. 국민에게 최소한 법적 근거가 있는 책력에 관한 증명·감정·자료를 제공해야 하지 않겠는가. 우주개발과 관련해 새로 마련해야 할 법규도 조금 있으면 넘쳐날 것이다.

천문학과는 관련이 없지만, 나라의 근본이 되는 것 중 논의해봐야 할 것이 하나 또 있어 거론하고자 한다. 바로 현재 시행되고 있는 '사람은 좌측통행 차는 우측통행' 시스템이다. 사람과 차의 통행방향은 같은 것이 자연스러운 일이다. 좁은 길에서 조깅하는 사람과 오토바이가 마주치면 무의식중에 사람은 좌측으로 오토바이는 우측으로 쏠려 충돌할 확률이 높아진다. 사람이나 차나 모두 우측통행하고 있는 미국 같은 나라에서 사람들이 거리를 **빽빽**하게 양방향으로 오가는 경우 왼편에서 거슬러가느라고 고생하는 사람들은 모두 한국 사람들이다.

차가 우측통행을 하는 나라에서는 건널목을 건널 때 오른쪽으로 건너가는 것이 더 안전하다. 왜냐하면, 건널목에 들어서는 순간 자동차가 왼쪽에서 접근하기 때문이다. 그래서 우리나라에서는 건널목을 건널 때만 오른쪽으로 걷도록 유도하기 위해서 오른쪽에 조그만 화살표를 두 개씩 그려놓은 것을 볼 수 있다. 그렇다고 사람들이 오른쪽으로 건너지도 않는데 이것이야말로 단편적 처방이 아닐 수 없다. 근본적으로 사람과 차를 모두 우측통행시키면 저절로 해결되는 문제이다.

또한, 일제강점기 때 주로 건설된 철도를 달리는 기차들은 좌측통행을 하고 있고 자동차들은 우측통행을 하고 있다. 그러다 보니 서울 지하철 안에서도 국철과 연결되는 노선은 좌측통행을, 나머지 노선은 우측통행을 하고 있다. 지하철이 모두 우측통행할 것이라고 믿고 플랫폼에 들어서면 표를 다시 끊을 수도 있는 것이다. 기차와 자동차 통행방향을 통일하는 것은 불가능하고 굳이 그럴 필요가 없다손 치더라도 행인과 자동차 통행방향의 통일은 심각하게 한번 고려해봐야 한다고 믿는다. 룰은 간단할수록 좋은 것 아닌가.

※ 우측통행은 2009년부터 실시되고 있고 천문법은 2010년에 공포됐습니다.

# 1

## 하늘 공부

"하늘 공부가 끝이 있더냐.
이 아비도 아직 아는 것보다 모르는 것이 더 많단다…….

<개천기>에서

안녕하세요.

한국천문연구원의 박석재입니다.

교대로 바뀌는 낮과 밤, 규칙적으로 뜨고 지는 해와 달, 계절의 변화 등과 같이 질서정연하게 일어나는 천문현상들은 원시인들로 하여금 강한 신비감과 호기심을 갖게 하였을 것입니다.

그림 1-1
아름다운 저녁놀 속의 초승달과 금성

이리하여 하늘을 탐구하는 천문학은 모든 자연과학의 어머니가 돼 인류의 역사에 심대한 영향을 끼치게 됩니다. 사실 원시인들이 바라보던 하늘을 현대인들도 똑같이 바라보며 살기 때문에 원시인들이 하늘에 대한 지식을 하나씩 깨달은 과정을 살펴보면 교육적입니다.

인류 문명의 발전은 너무 더디었습니다. 인류의 역사를 300만 년으로 본다면 구석기 시대는 그 중 290만 년이나 됩니다. 즉 날카로운 돌을 집어서 사용하던 원시인들이 '이것 갈면 더 좋겠다' 생각하기까지 290만 년이 걸렸다는 뜻입니다. 천문학 지식도 이렇게 인류 역사를 통해 조금씩 축적돼왔을 것입니다. 그리하여 문명의 동이 트기 시작한 5~6천 년 전 무렵 사람들은 우주에 대해 많은 지식과 정보를 갖게 됐습니다. 우리는 그들이 우주를 알면 얼마나 알까 얕보기 쉽습니다. 그러나 그 당시에도 하늘 공부를 열심히 한 사람들은 상당한 수준에 도달해 있었음이 틀림없습니다. 그들은 수성, 금성, 화성, 목성, 토성 같은 행성들이 뭇별과 달리 움직인다는 사실, 1년이 360일보다 5~6일 더 길다는 사실, 일식은 달이 해를 가리기 때문에 일어난다는 사실…… 등을 알고 있었을 것입니다. 심지어 낮에 떠있는 해 뒤쪽에 무슨 별자리가 있는지 알았을 것입니다.


## 해와 달


우주에 무엇이 있느냐고 묻는 아이들의 질문에 저는 언제나 해, 달, 별이 있다고 대답합니다. 과학적으로도 틀린다고 할 수 없을뿐더러 유치원 아이들까지도 이해할 수 있는 명쾌한 대답이기 때문입니다. 무엇보다도 같은 크기로 보이는 해와 달이 정말 신기합니다. 우리 지구가 도는 해와 우리 지구를 도는 달이 지구에서 보면 크기가 같다는 사실이 이상하지 않습니까? 이는 정말 우연히, 해가 달보다 400배 큰 대신 400배 먼 거리에 있기 때문입니다. 지구에서 해가 달보다 2배쯤 더 크게 보인다고 상상해 보세요. 어떻게 해와 달이 동등한 자격을 갖췄겠습니까. 하늘에 떠 있는 해와 달은 인류의 생각을 지배해왔습니다. 만일 하늘에 해가 2개 떠있었어도 엄청난 영향을 미쳤을 것입니다. 해가 서쪽에서 떠서 동쪽으로 졌어도 세계사의 흐름은 바뀌었을 것입니다. 여러분은 그렇게 생각하지 않습니까?

그림 1-2
보름달의 모습

우리 동양에서 달은 '음'의 기운을, 해는 '양'의 기운을 상징한다는 통념이 자리를 잡았습니다. 그래서 달은 '태음', 해는 '태양'이라고 불렀던 것입니다. 음은 한자로 '陰', 양은 한자로 '陽' 같이 적기 때문에 태음은 '太陰', 태양은 '太陽'이 됩니다. 오늘날 해는 태양이라고 하면서 달은 태음이라고 하지 않아 듣기에 어색합니다. '해와 달'이 '태양과 달'보다 더 잘 어울리지 않습니까? 이 책에서도 가능하면 태양보다 해라는 말을 더 이용하겠습니다. 어쨌든, 우리 동양에서는 해와 달의 크기가 같은 덕에 음과 양도 동등한 자격을 갖추게 됐지요. 즉 음과 양은 어느 하나가 좋고 다른 하나는 나쁜 것이 아니라 서로 보완하는 관계에 있는 것입니다.

하지만 서양은 달랐습니다. 서양에서 낮은 신이, 밤은 악마가 지배한다는 통념이 자리매김하게 됐던 것입니다. 따라서 밤의 상징인 달은 자연스럽게 좋지 않은 이미지를 갖게 됐습니다. 라틴어로 해를 'Sol', 달을 'Luna'라고 합니다. 영어로 정신병을 'lunacy'라고 하는데 이 단어는 바로 달에서 비롯된 것입니다. 심지어 정신이 나간 상태를 'moonstruck', 즉 달에게 얻어맞았다고 표현하는 것을 보면 확실히 이해할 수 있습니다.

태곳적부터 형성된 이 동서양 간의 차이는 오늘날까지 영향을 주고 있습니다. 동양에서는 달이 밝으면 달맞이를 가는데 서양에서는 그것이 자살행위처럼 간주하고 있는 것입니다. 특히 보름달은 서양인들에게 거의 공포의 상징과 같은 존재입니다. 예를 들어, 13일 금요일에 보름달까지 뜨게 되면 사람들이 외출을 달갑게 여기지 않을 정도입니다. 서양의 이야기 속에서는 유령이 나타나거나 사람이 늑대로 변하는 것이 모두 보름날 밤에 이루어집니다. 여기에 반해 동양에서는 보름달이 좋은 이미지를 간직하고 있습니다. 예를 들어, 우리 처녀 귀신이나 도깨비는 달이 없는 그믐 무렵에나 활동하는 것입니다. 최근에는 동서양의 개념이 마구 뒤섞여 보름달을 배경으로 악마의 상징인 늑대가 우는 광경이 동양 영화에도 나오게 됐습니다.

무던히도 달을 좋아하는 것은 틀림없이 우리 민족 특성 중의 하나입니다. 추석날 온 가족이 햇곡식과 햇과일로 차린 저녁 식사를 마친 후 마당에 깔아놓은 멍석에 앉으면 보름달은 동산 위에, 마치 화투의 8광 모습처럼 걸려 있게 됩니다. 이 보름달이야말로 '태평연월'인 것입니다. 실제로 8광은 음력 8월 보름달, 즉 추석 달을 의미합니다. 마찬가지로 화투 1광에 나오는 음력 1월의 천체는 솔이나 학과 함께 연하장을 만드는 해입니다.

하지만 그믐달은 다릅니다. 그믐달은 곧 해가 따라 뜨기 때문에 사라질 팔자를 가진 것입니다. 그래서 그믐달은 동양에서 유일하게 인상이 좋지 않은 달로 알려져 있습니다. 시와 문장에서 비운의 주인공들이 그믐달에 자주 비유되는 이유는 바로 이 때문입니다. 화투에서도 좋지 않은 의미가 있는 음력 4월 흑싸리 패에 그믐달이 나오는 이유 또한 바로 이것입니다. 그림 1-3을 자세히 보면 종달새 뒤에 빨간 그믐달이 있음을 발견할 수 있습니다.

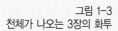
그림 1-3
천체가 나오는 3장의 화투

화투는 오락 기구에 불과하지만, 자연을 담고 있기 때문에 눈여겨볼 만한 가치가 있습니다. 음력 2월에는 매화가, 음력 3월에는 벚꽃이, ……피는 것입니다. 음력 12월에 비가 오는 것으로 미루어 화투는 원래 우리 것이 아님을 알 수 있습니다.

# 일출과 일몰

해는 매일 뜨고 지는 시각이 다릅니다. 춘분 때 낮과 밤의 길이가 같습니다. 즉 낮과 밤의 길이가 각각 12시간이 돼야 하므로 상식적으로 해는 아침 6시에 떠서 저녁 6시에 져야 합니다. 하지 때는 1년 중 낮의 길이가 가장 길어 거의 14시간이나 됩니다. 즉 춘분 때보다 낮이 2시간가량 더 길어서 해는 아침 5시쯤 떠서 저녁 7시쯤 져야 합니다. 추분 때는 다시 낮과 밤의 길이가 같아져 춘분의 경우와 같아집니다. 마지막으로 동지 때는 1년 중 낮의 길이가 가장 짧아 10시간 정도밖에 되지 않습니다. 즉 춘·추분 때보다 낮이 2시간가량 짧아서 해는 아침 7시쯤 떠서 저녁 5시쯤 해가 져야 합니다.

그런데 현재 우리나라의 표준시는 일본을 지나는 동경 135도를 기준으로 하고 있습니다. 우리나라의 중앙은 동경 127~128도에 해당하기 때문에 해가 정오에 정확히 남쪽 하늘로 오지 않습니다. 경도가 15도 다르면 시간상으로 1시간 차이가 발생하기 때문에 우리나라 표준시로는 해가 12시 반쯤 정남 방향에 오게 되는 것입니다. 따라서 앞에서 언급한 일출 일몰 시각들도 모두 30분쯤 오차가 있습니다. 실제로 춘·추분 때 해는 아침 6시 반쯤 떠서 저녁 6시 반쯤 지게 됩니다. 하지 때는 아침 5시 반쯤 떠서 저녁 7시 반쯤 지고 동지 때는 아침 7시 반쯤 떠서 5시 반쯤 집니다.

그림 1-4에서 보는 바와 같이 우리나라에서 춘·추분 때 해는 정동 방향에서 떠서 정서 방향으로 집니다. 하지만 하지 때는 해가 정동 방향보다 북쪽에서 떠서 정서 방향보다 북쪽으로 집니다. 그래서 낮이 밤보다 길고 해도 정오에 남쪽 하늘 높이 뜨는 것입니다. 반대로 동지 때는 해가 정동 방향보다 남쪽에서 떠서 정서 방향보다 남쪽으로 집니다. 그래서 낮

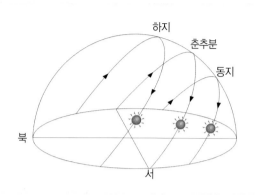

하지

춘추분

동지

북

서

그림 1-4
해가 하늘에 그리는 궤적

이 밤보다 짧고 해도 정오에 남쪽 하늘 낮게 뜨는 것입니다.

동서양을 막론하고 원시인들은 춘분·하지·추분·동지에 대해서 잘 알고 있었습니다. 어떻게 알았을까요? 그 방법은 의외로 간단합니다. 매일 정오 막대기의 그림자를 지켜보는 것입니다. 즉 1년 중 정오 막대기의 그림자가 가장 긴 날이 하지, 가장 짧은 날이 동지, 중간이 되는 날이 춘·추분인 것입니다. 이러한 지식을 바탕으로 원시인들은 나름대로 달력을 만들어 사용했을 것입니다.

막대 그림자는 계절은 물론 하루 중 시각도 알려줬습니다. 해시계는 해가 뜨고 짐에 따라 회전하는 막대 그림자의 방향을 이용한 것입니다. 우리가 '지금 몇 시인가?' 할 때 '시' 자를 한자로는 '時' 같이 적는데 이 글자는 해를 뜻하는 '日', 땅을 뜻하는 '土', 막대기를 뜻하는 '寸' 글자로 분해가 됩니다. 땅에 꽂은 막대기의 해 그림자가 원시인들에게 시간을 가르쳐 줬다는 증거입니다. 해가 뜨고 짐에 따라 회전하는 막대 그림자의 방향이 오늘날 '시계방향'이 된 것입니다. 이것은 문명의 발전이 지구의 북반구 지역에서 주로 이루어졌다는 증거가 됩니다. 왜냐하면, 남반구 지역에서는 막대 그림자가 '시계 반대방향'으로 회전하기 때문입니다.

# 월출과 월몰

　해는 우리에게 항상 같은 모습을 보여주지만 달은 매일 모양이 변합니다. 달의 모양이 매일 변하는 이유는 하늘에서 해로부터의 거리가 변하기 때문입니다. 음력 3일 무렵에는 그림 1-5에서 보는 바와 같이 해가 질 때 달은 바로 위쪽에 있습니다. 이때 해가 달보다 멀리 있기 때문에 달의 밑쪽 부분만 햇빛을 반사해 눈썹 모양으로 보이게 됩니다. 이것이 초승달입니다. 그러니까 해가 저녁 6시에 진다면 초승달은 8시쯤 지게 되지요. 그러니까 초저녁에만 보이는 것입니다.

　음력 8일 무렵에는 그림 1-5에서 보는 바와 같이 해가 질 때 달은 남쪽 하늘 높이 걸려있습니다. 이때는 달이 햇빛을 옆에서 받게 되니까, 즉 해가 달로부터 각도로 90도 떨어져 있으니까 달의 절반이 빛나게 됩니다. 이것이 상현달입니다. 그러니까 상현달은 정오에 떠서 저녁때 남쪽 하늘 높이 걸려 있다가 자정 무렵 지게 됩니다. 음력 15일, 즉 보름 때는 그림 1-5에서 보는 바와 같이 해가 서쪽 하늘에서 질 때 달은 반대편 동쪽 하늘 낮게 떠 있습니다. 그러니까 달의 전면이 햇빛을 받아 둥근 모습을 하고 있습니다. 마치 화투의 8광처럼 말이지요. 이것이 보름달입니다. 그러니까 보름달은 저녁때 떠서 자정 무렵 남쪽 하늘 높이 걸려 있다가 새벽에 지게 됩니다. 즉 밤새 떠 있는 달은 보름달이 유일합니다.

　여기까지가 저녁때 볼 수 있는 달입니다. 보름이 지나면 새벽이 돼야 달을 볼 수 있게 되는 것이지요. 즉 막연하게 낮에는 해가 뜨고 밤이 되면 달이 뜬다고 생각하면 안 됩니다. 음력 22일 무렵에는 해가 뜰 때 달은 남쪽 하늘 높이 걸려있습니다. 이때도 그림 1-5에서 보는 바와 같이 달이 햇빛을 옆에서 받게 되니까, 즉 해가 달로부터 각도로 90도 떨어져 있으니까 달의 절반이 빛나게 됩니다. 이것이 하현달입니다. 그러니까 하현달은 자정에 떠서 새벽에 남쪽 하늘 높이 걸려 있다가 정오 무렵 지게 됩니다. 즉 '낮에 나온 반달'은 오전이면 하현달, 오후면 상현달이라야 합니다. 음력 27일 무렵에는 해가 뜰 때 달은 바로 위쪽에 있습니다. 이때도 해가 달보다 멀리 있기 때문에 달의 밑쪽 부분만 햇빛을 반사해 눈썹 모양으로 보이게 됩니다. 이것이 그믐달입니다. 곧 해가 따라 뜨기 때문에 그믐달은 여명 속으로 사라지게 됩니다. 그림 1-5를 보면 앞에서 왜 그믐달은 곧 해가 따라 뜨기 때문에 사라질 팔자라고 기술했는지 이해가 갈 것입니다.

다시 한 번 강조합니다만, 막연하게 낮에는 해가 뜨고 밤에는 달이 뜨는 것이 아닙니다. 육군 소대장만 돼도 '오늘은 음력 8일 상현달이니까 자정 이후에 달이 없다. 특히 자정 이후에 경계근무를 강화하라' 이렇게 명령을 내릴 수 있어야 합니다. 두 검객이 결투하기 위해 자정에 만났습니다. 그런데 두 검객 뒤에는 커다란 초승달이 떠 있습니다. 그렇다면 두 검객은 자정에 만난 것이 아닙니다. 초승달은 초저녁 달이니까요. 이효석 소설 〈메밀꽃 필 무렵〉처럼 밤새 달빛을 받으며 걸어가는 글을 썼다고 합시다. 단 한 줄이라도 '반달이 슬퍼 보였다' 이런 문장이 있으면 그 글은 거짓말입니다. 저녁부터 새벽까지 비출 수 있는 달은 그림 1-5에서 보는 바와 같이 보름달만 해당합니다. 천문학적으로 틀린 것이 없는지 찾아내기 위해 제가 혈안이 돼서 〈메밀꽃 필 무렵〉을 살펴봤습니다. '보름이 갓 지난 달' 같은 표현은 아무 문제가 없어 보였습니다. 아마 이효석은 실제로 밤새 달을 보며 고갯길을 걸었을 것입니다.

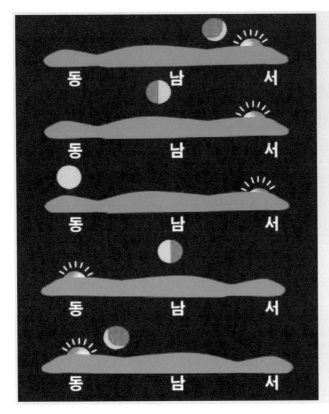

그림 1-5
해와 초승달, 상현달,
보름달, 하현달,
그믐달의 상대적 위치

　해와 달이 동쪽에서 떠서 서쪽으로 지는 이유는 물론 지구가 서쪽에서 동쪽으로 자전하기 때문입니다. 그런데 달은 지구를 공전하고 있지 않습니까. 그 공전 방향을 하늘에서 보면 서쪽에서 동쪽을 향합니다. 따라서 달은 지구의 자전 때문에 동쪽에서 떠서 서쪽으로 지지만 그 사이 서쪽에서 동쪽으로 조금씩 거슬러 올라가는 것이지요. 이는 마치 강물에 떠내려가면서 상류 방향으로 헤엄쳐 올라가려고 하는 거북이와 같습니다. 거북이는 결국 하류 방향으로 떠내려가겠지만 헤엄치는 만큼 상류 방향으로 거슬러 올라가겠지요.

달은 하루에 각도로 13도만큼 움직입니다. 즉 그림 1-6에서 보는 바와 같이 지구의 자전 때문에 하루에 360도를 회전하는 속도로 동쪽에서 떠서 서쪽으로 지지만 달의 공전 때문에 13도만큼 서쪽에서 동쪽으로 '거슬러' 움직이는 것이지요. 왜 13도일까요? 그건 달의 지구 공전주기가 $27\frac{1}{3}$일이기 때문입니다. 즉 $27\frac{1}{3}$일 걸려서 한 바퀴, 즉 360도를 공전하니까 하루에 360도 ÷ $27\frac{1}{3}$ = 13도를 이동하는 것이지요. 이해했나요?

예를 들어, 음력 3일부터 음력 8일까지 5일 사이 달은 13도 × 5일 =

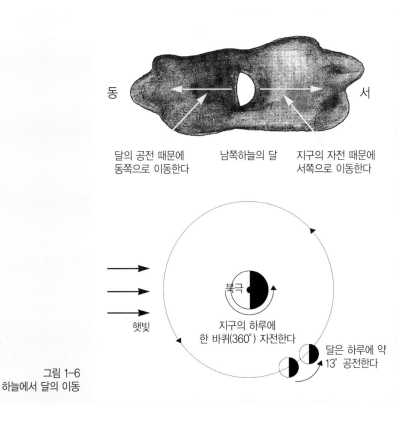

동 ←                              → 서

달의 공전 때문에    남쪽하늘의 달    지구의 자전 때문에
동쪽으로 이동한다                   서쪽으로 이동한다

북극

햇빛

지구의 하루에
한 바퀴(360°) 자전한다

달은 하루에 약
13° 공전한다

그림 1-6
하늘에서 달의 이동

65도 동쪽으로 이동하게 되지요. 그래서 그림 1-5에서 보는 바와 같이 음력 3일 저녁 서쪽 하늘 낮게 떠 있던 초승달은 음력 8일이 되면 65도 동쪽으로 이동했기 때문에 저녁에 남쪽 하늘 높이 떠 있는 상현달로 변신하게 되는 것입니다. 음력 8일부터 음력 15일까지 7일 사이 달은 13도 × 7일 = 91도 동쪽으로 이동하게 됩니다. 그래서 음력 8일 저녁 남쪽 하늘 높이 떠 있던 상현달은 음력 15일이 되면 91도 동쪽으로 이동했기 때문에 동쪽 하늘 낮게 떠 있는 보름달이 되는 것입니다. 이하 마찬가지지요. 지금 숫자로 설명한 이 부분은 조금 어렵습니다. 하지만 조금만 더 공부하면 '오늘 밤 달이 10시에 떴다면 내일은 몇 시에 뜨나?' 같은 질문에 금방 답할 수 있습니다. 알고 나면 속이 다 시원할 것입니다. 상생방송의 2강 〈달을 말하다〉 편에서 체계적으로 자세히 설명했으니 참고하시기 바랍니다. 위 질문에 대한 답은 약 10시 50분입니다.

초승달부터 시작해서 그믐달이 될 때까지 지켜보면 우리는 달의 모습이 그림 1-7과 같은 순서로 변한다는 사실을 알게 됩니다. 그림에서 보는 7개의 달은 각각 음력 3일, 8일, 11일, 15일, 19일, 22일, 27일 무렵의 모습입니다. 아마 원시인들도 이 정도의 지식은 알았을 것입니다. 음력 11일이나 19일의 달은 이름이 없는데 '볼록달' 이 어떨까 생각합니다. 영어에서는 이런 달을 'gibbous moon' 이라고 합니다. 참고로 초승달이나 그믐달 같은 모양을 영어로는 'crescent' 라고 합니다. 회교 문화에서는 상징적인 단어로서, 예를 들어, 중동에서는 적십자 'red cross' 대신 'red crescent'를 쓸 정도입니다. 이런 달 모양의 빵을 '크로상' 으로 부르는 것 또한 같은 어원이지요.

보름달과 그믐달만 순수한 우리말이고 나머지는 모두 한자에서 비롯됐습니다. 초승달은 초순에서 왔고, 상현달은 상순에, 하현달은 하순에

활처럼 보이는 달이라는 뜻입니다. 즉 한자로 '弦' 같이 적는 '현'은 활을 말합니다. 그믐밤은 달이 없는 밤이라는 뜻인데 그믐달은 있어 좀 헷갈립니다. 그믐 직전에 뜨는 달을 그믐달이라고 하는 것이지요. 재미있는 사실은 적도 아래 남반구로 내려가면 달의 모양이 변하는 순서가 바뀐다는 것입니다. 즉 호주 같은 나라에 가면 시간이 지남에 따라 그림 1-7의 오른쪽에서 왼쪽으로 달 모양이 변한다는 말입니다.

초승달 상현달 보름달 하현달 그믐달

그림 1-7 달 모양의 변화

## 일식과 월식

해와 달의 크기가 같은 덕에 일식이 일어나면 무척 흥미롭습니다. 일식은 그림 1-8에서 보듯이 해와 지구 사이에 달이 들어와 일어나게 됩니다. 즉 일식은 밤에 달이 뜨지 않는 그믐날에만 일어나게 됩니다. 만일 지구의 공전궤도면과 달의 공전궤도면이 정확히 일치한다면 매월 그믐날 꼬박꼬박 일식이 일어나야 합니다. 하지만 실제로는 두 공전궤도면이 각도로 5도 정도 어긋나있기 때문에 일식은 자주 일어나지 않는 것입니다.

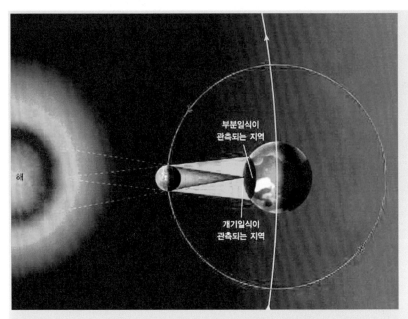

부분일식이
관측되는 지역

해

개기일식이
관측되는 지역

그림 1-8   개기일식과 부분일식이 일어나는 원리

지구 표면에 드리운 달의 그림자 중앙에서 보면 개기일식이 보이고 그 근처에서 보면 부분일식이 보입니다. 개기일식은 달이 해를 완전히 가리는 현상, 부분일식은 일부만 가리는 현상을 각각 의미합니다. 개기일식은 몇 분이 고작이지만, 부분일식은 몇 시간에 걸쳐 진행됩니다. 해와 달의 크기가 같아서 개기일식이 일어나면 해 표면의 모습을 볼 수 있지요. 예를 들어, 평소에는 너무 희미해서 보이지 않던 코로나를 볼 수 있습니다.

코로나는 라틴말로 'Corona' 같이 적는데 왕관을 의미합니다. 즉 영어 'crown'의 원조입니다. 그림 1-9에서 보는 바와 같이 개기일식 때 마치

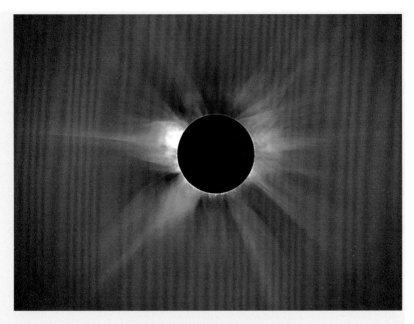

그림 1-9 코로나가 보이는 개기일식 광경

왕관처럼 보이는 모습 때문에 그런 이름이 붙게 된 것입니다. 달이 해를 가리니 원시인들이 얼마나 놀랐겠습니까. 원시 시대 일식은 틀림없이 종교적 지위를 지녔을 것입니다. 우리나라는 적도에서 멀어서 일식이 자주 일어나지 않고 특히 개기일식은 아주 희귀하게 나타납니다. 우리나라에서 볼 수 있는 개기일식은 2035년 9월 2일에 예정돼 있습니다. 이날 평양에서 원산을 연결하는 고속도로 가까운 지역에서 봐야 개기일식을, 한반도 이외의 지역에서 보면 부분일식을 보게 됩니다. 설마 그때까지야 남북통일이 되겠지요? 저는 그날 날씨가 흐리면 어떻게 하나 지금부터 걱정하고 있습니다.

월식은 그림 1-10에서 보는 것처럼 지구 그림자 속으로 달이 들어가면서 일어나게 됩니다. 따라서 월식은 보름날에만 일어나게 되지요. '이번 월식은 마침 보름날 일어나······' 같은 신문기사는 잘못된 것입니다. 월식도 일식과 마찬가지로 지구의 공전궤도면과 달의 공전궤도면이 어긋나 있기 때문에 매월 보름날 꼬박꼬박 일어나지 않습니다.

달이 지구 그림자 중앙 부분에 있으면 보름달 전체가 그림 1-11처럼 붉게 변하는 개기월식이, 중앙 주변에 있으면 달 일부만 가리는 부분월식을 보게 됩니다. 지구의 그림자는 달보다 크기 때문에 개기월식이나 부분월식은 몇 시간 동안 일어나게 됩니다.

원시인들은 월식도 두려워했을 것입니다. 하늘에 대해 꽤 많은 지식을 가지고 있던 옛날 사람들도 월식이 왜 일어나는지 몰랐을 가능성이 높습니다. 왜냐하면, 지구가 둥글다는 사실을 모르면 무엇이 월식 때 달을 가리는지 알아낼 수 없기 때문입니다. 〈개천기〉에서 천백 해달은 월식 때 달을 가리는 '검은 것'이 무엇인지 무척 알고 싶어 합니다. 하지만 지구가 둥글다는 사실을 모르던 당시 그 정체를 이해하기란 불가능한 일이지요. 그는 일식과 월식을 예고할 능력이 없는 자신을 책망하며 천문대장의 자리에서 물러나게 됩니다. 인류가 일식과 월식을 정확히 예고할 수 있게 된 것은 불과 수백 년 전에 지나지 않습니다. 참고로 일식은 영어로 'solar eclipse' 한자로 '日蝕' 같이 적고, 월식은 영어로 'lunar eclipse' 한자로 '月蝕' 같이 적습니다. 옛날에는 해를 먹어간다는 의미로 일식을 '日食'으로 적기도 했습니다.

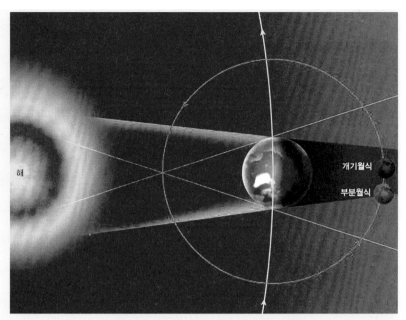

그림 1-10 개기월식과 부분월식이 일어나는 원리

그림 1-11 달 전체가 붉게 변한 개기월식 광경

# 행성과 항성

이제 해와 달을 떠나 별 이야기를 해볼까요. 하늘의 별은 크게 행성과 항성으로 나뉩니다. 영어로는 행성을 'planet' 항성을 'star'로 표기하기 때문에 명확히 구분됩니다. 행성이란 한마디로 해를 공전하는 것들입니다. 현재 우리 태양계에는 수성, 금성, 지구, 화성, 목성, 토성, 천왕성, 해왕성 등 8개의 행성이 있습니다. 행성들은 항성과 달리 스스로 빛나지 못하고 햇빛을 반사하는 것들입니다. 하지만 뭇별들 보다는 훨씬 더 지구에 가까이 있기 때문에 우리 눈에는 밝은 별들처럼 보입니다. 수성, 금성, 화성, 목성, 토성은 밝게 보여서 동양에서는 오행성이라고 했습니다. 하지만 천왕성과 해왕성은 어두워서 육안으로 볼 수 없습니다.

행성의 행은 한자로 '行'처럼 쓰는데 돌아다닌다는 뜻을 갖습니다. 별이 돌아다닌다는 말이 무슨 뜻이냐, 예를 들어 어떤 별자리가 있는데 거기에 밝은 별이 하나 있다고 칩시다. 한 달 뒤에 보니까 다른 별들은 다 제자리에 있는데 그 밝은 별은 약간 이동해 있더라, 그러면 그 밝은 별은 행성인 것입니다. 항성의 항은 한자로 '恒'처럼 쓰는데 변함이 없다는 뜻을 갖습니다. 태곳적부터 우리나라에서 사용된 행성이란 이름은 이처럼 관측결과까지 포함하고 있는 것입니다. 여기에 비해 행성의 일본식 이름인 혹성의 혹은 '惑'처럼 쓰는데 '혹시' 이런 뜻입니다. 즉 혹성이란 '저것 혹시 별 아닌가?' 같은 의미를 지니고 있습니다. 사실 제가 초등학교에 다닐 때만 해도 혹성이라고 배웠습니다. 이제 혹성이라는 말을 더는 사용해서는 안 됩니다.

간단히 오행성의 자료에 대해서만 알아보겠습니다. 해로부터 우리 지구까지의 거리, 약 1억 5천만km를 1이라고 봅시다. 그러면 수성은 0.4, 금성은 0.7, 화성은 1.5 정도 해로부터 떨어져 있습니다. 그런데 목성은 뚝 떨어져 있어 거리가 5.2나 되고 토성까지의 거리는 또 이것의 2배가 되는 9.6이 됩니다. 즉 태양계 중심 부분은 행성이 조밀하게 모여 있다는 사실을 깨닫게 됩니다. 해는 가까운 행성을 더 강한 중력으로 잡아당깁니다. 그래서 해에 가까운 행성일수록 해를 빨리 공전함으로써 원심력을 증가시켜 해의 중력을 이겨냅니다. 실제로 수성과 금성의 공전주기는 각각 88일과 225일밖에 안 됩니다. 반면 목성은 12년, 토성은 30년이나 됩니다. 표 1-1의 숫자들을 알아내는데 인류 역사의 대부분이 소요됐다면 믿으시겠습니까! 행성의 기호들도 수천 년이나 된 것들입니다. 특히 해의 기호 '☉'와 달의 기호 '☽'가 동서양을 막론하고 같은 것이 신기합니다. 동양에서는 나중에 '☉→日', '☽→月' 같이 바뀌게 됩니다.

| 행성 | 영어 이름 | 기호 | 해까지 거리 | 공전주기 |
|------|-----------|------|-------------|----------|
| 수성 | Mercury | ☿ | 0.4 | 88일 |
| 금성 | Venus | ♀ | 0.7 | 225일 |
| 지구 | Earth | ⊕ | 1 | 1년 |
| 화성 | Mars | ♂ | 1.5 | 2년 |
| 목성 | Jupiter | ♃ | 5.2 | 12년 |
| 토성 | Saturn | ♄ | 9.6 | 30년 |

표 1-1 오행성 자료

그림 1-12에는 저녁때 보이는 금성과 해 사이의 각거리가 표시돼 있습니다. 옛날 사람들은 이 각거리가 결코 48도를 넘지 않는다는 사실을 꾸준한 관측을 통해 알아냈습니다. 그림 1-13처럼 새벽에 보이는 금성 경우도 마찬가지였습니다. 금성이 해를 동서로 왕복하며 10달 동안은 저녁

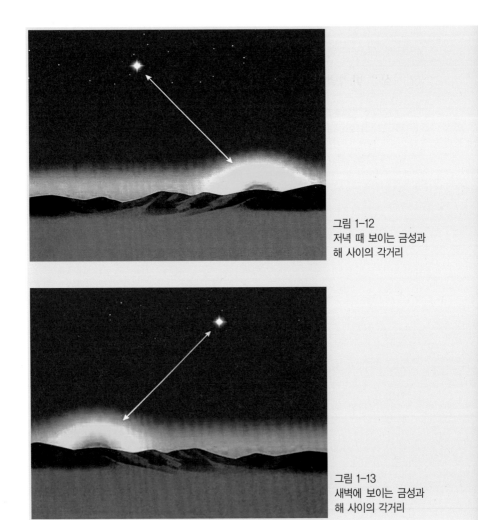

그림 1-12
저녁 때 보이는 금성과
해 사이의 각거리

그림 1-13
새벽에 보이는 금성과
해 사이의 각거리

별로 보이고 10달 동안은 새벽별로 보이는데, 어느 경우든 해로부터 48도보다 더 멀리 떨어지지는 않는다는 우주의 비밀을 깨닫게 된 것입니다.

수성도 금성처럼 2달 동안은 저녁에, 2달 동안은 새벽에 보이는데 금성보다 해에 더 바싹 붙어 있습니다. 수성의 위치가 이렇게 빨리 변하는 이유는 물론 공전주기가 88일밖에 되지 않기 때문이지요. 수성은 해로부터 각도로 28도 이상 떨어지는 법이 없습니다. 따라서 옛날 사람들은 수성과 금성이 해를 공전하고 있고 그 중 수성이 금성보다 더 안쪽에 있다는 사실을 밝혀낼 수 있었던 것입니다. 여기서 수성의 겉보기 왕복주기, 2달 + 2달 = 4달이 실제 공전주기 88일보다 긴 이유는 지구의 공전 영향이 포함됐기 때문입니다. 해로부터 각거리가 수성은 28도, 금성은 48도를 넘지 않는 이유가 그림 1-14에 설명돼 있습니다.

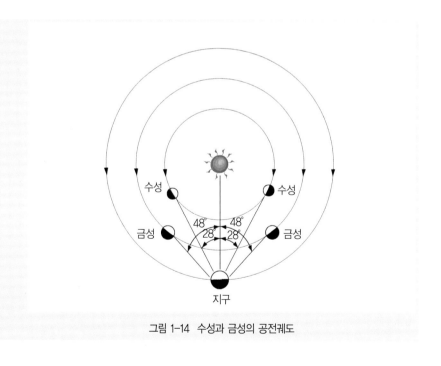

그림 1-14  수성과 금성의 공전궤도

수성과 금성은 한밤중에 절대로 볼 수 없고 오로지 저녁과 새벽에만 볼 수 있습니다. 샛별이라는 이름 때문에 금성은 새벽에만 보이는 것으로 오해하는 사람들이 많습니다. 반면 화성, 목성, 토성은 저녁과 새벽에는 물론 한밤중에도 얼마든지 볼 수 있습니다. 왜냐하면, 수성과 금성은 항상 해의 언저리에 있어야 하지만 화성, 목성, 토성은 지구를 중심으로 해의 반대편으로 갈 수도 있으니까요.

행성의 이름은 동양에서는 음양오행의 원리에 바탕을 두고 한자 '水木火土金'의 한 글자씩을 배당받게 됐습니다. 마침 눈에 보이는 행성의 개수가 5개였으니 얼마나 좋았겠습니까. 화성만이 붉게 보여서 글자 '火'와 어울릴 뿐 나머지 행성들은 특별한 관측적 특성이 없습니다. 음양오행이란 천문학적으로는 태음의 '陰', 태양의 '陽', 오행성을 일컫는 '五行'의 결합으로 '陰陽五行'이 태어난 것입니다. 오늘날 우리가 사용하는 요일 '일월화수목금토' 역시 해를 상징하는 '日'과 달을 상징하는 '月', 그리고 순서는 의미 없는 5행성의 이름 '火水木金土'로 구성됐다는 사실을 알게 됩니다. 오행성은 맨눈으로도 잘 보이기 때문에 동서양에서 독자적으로 연구돼왔습니다. 따라서 수성, 금성, 화성, 목성, 토성은 영어의 'Mercury', 'Venus', 'Mars', 'Jupiter', 'Saturn' 등과 아무런 상관이 없습니다. 영어 이름들은 모두 그리스 신화에 나오는 신들의 이름입니다.


# 서양의 황도12궁

행성들은 하늘 아무 데나 있는 것이 아닙니다. 그림 1-15에는 저녁때 서편 하늘에 모여 있는 화성–달–금성–해를 상상해 그린 것입니다. 달은

그림 1-15 저녁 때 화성-달-금성이 모인 모습

그림 1-16
적도 근처에서 본 그림 1-15 하늘

약간 벗어나 있지만, 화성-금성-해는 같은 선 위에 있지요? 이 선을 천문학에서 하늘의 황도라고 합니다. 황도는 적도와 함께 천문학에서 가장 중요한 선입니다. 행성들이 황도 위에 배치되는 이유는 태양계가 한 평면으로 이루어졌기 때문입니다. 즉 황도는 우리 눈에 보이는 태양계 면인 것입니다. 그림 1-15를 보며 상상력을 동원하면 우리나라가 지구의 북반구 중간 부분에 있다는 사실도 실감할 수 있습니다.

참고로 우리나라에서 그림 1-15처럼 보일 때 적도 근처에서는 그림 1-16처럼 보이게 됩니다. 즉 적도 근처에서 보는 황도는 우리나라의 경우보다 더 일어서 있는 것이지요. 여러분 눈에는 그림 1-16이 매우 낯설 것입니다. 실제로 적도 지방에서는 해와 달과 별이 지평선에 대해 수직으로 뜨고 집니다. 그림 1-16을 보며 상상력을 동원하면 관측자가 지구의 적도 근처에 있다는 사실도 실감할 수 있습니다.

동양에서는 성좌도에서 노란색으로 표시한 황도를 한자로 '黃道'로, 빨간색으로 표시한 적도를 '赤道'로 적습니다. 영어로는 황도를 'ecliptic', 적도를 'equator'로 적는데 서양의 역사와 함께한 단어들입니다. 행성을 찾으려면 황도를 따라 찾아야 합니다. 예를 들어, 북두칠성은 황도에서 멀리 떨어져 있기 때문에 그 주위에서 아무리 행성을 찾아봐야 헛수고만 하게 됩니다. 황도는 하늘에서 대원을 그리므로 여러 별자리와 만나게 됩니다. 따라서 황도와 만나는 별자리들을 기억하면 행성을 연구하는 데 큰 도움이 됩니다.

지구가 1년을 주기로 해를 공전하므로 지구에서 보면 해는 1년간 황도를 따라 1바퀴 돌게 됩니다. 따라서 황도를 지나가는 별자리를 12개로 만들면 정말 편리합니다. 왜냐하면, 해가 한 달에 별자리를 하나씩 지나갈 테니까요. 이런 이유로 서양에서는 태곳적부터 황도를 따라 표 1-2와 같은 '황도12궁'이 전해졌습니다. 황도12궁은 영어로 'zodiac'이라 하는데 이것이 동양으로 전파돼 한자로 '獸帶'가 됐습니다. 그 이유는 황도12궁 대부분이 동물인 데에서 비롯된 것입니다. 행성의 경우와 마찬가지로 황도12궁 기호들과 라틴 이름들도 수천 년 된 것들입니다.

인류가 황도를 알아낸 것이 몇 천 년이 됐는지 더 이전인지 알 길이 없습니다. 그러니까 똑똑한 원시인들은 5월의 해 뒤편에 겨울철 별자리의 하나인 황소자리가 있다는 사실을 알았을 것입니다. 황도12궁 라틴 이름들도 모두 유명합니다. 예를 들어 3월 춘분 때 해는 물고기자리에 있는데

'Pisces'는 영어의 'fish'와 비슷하다는 사실을 알 수 있습니다.

황도12궁은 서양 사람들에게는 매우 중요합니다. 어떤 사람이 5월생이면 그 사람의 별자리는 황소자리입니다(5월 말이면 쌍둥이자리). 이 말은 5월이면 해가 황소자리에 위치하고 있다는 말입니다. 따라서 그 사람은 자기 생일에 자기 별자리인 황소자리를 절대로 볼 수 없습니다. 황소자리

| 월 | 별자리 | 기호 | 라틴 이름 |
|---|---|---|---|
| 1 | 염소 | ♑ | Capricornus |
| 2 | 물병 | ♒ | Aquarius |
| 3 | 물고기 | ♓ | Pisces |
| 4 | 양 | ♈ | Aries |
| 5 | 황소 | ♉ | Taurus |
| 6 | 쌍둥이 | ♊ | Gemini |
| 7 | 게 | ♋ | Cancer |
| 8 | 사자 | ♌ | Leo |
| 9 | 처녀 | ♍ | Virgo |
| 10 | 천칭 | ♎ | Libra |
| 11 | 전갈 | ♏ | Scorpius |
| 12 | 궁수 | ♐ | Sagittarius |

표 1-2  서양의 황도12궁

| 황도12궁 | ♑ | ♒ | ♓ | ♈ | ♉ | ♊ | ♋ | ♌ | ♍ | ♎ | ♏ | ♐ |
|---|---|---|---|---|---|---|---|---|---|---|---|---|
| 행성 | | ♃ | | | ☿ | ♀ | | | | ♂ | | ♄ |

표 1-3  5월생인 사람의 점성술 정보 예

는 그날 해와 함께 뜨고 지니까요. 그 사람이 태어났을 때 행성의 배치가 서양 점성술에서는 중요하다고 합니다. 행성은 반드시 황도12궁 어딘가에 있기 마련이니까, 예를 들어 5월생인 이 사람의 점성술 정보는 표 1-3과 같습니다. 이 경우 수성 · 과 금성(우)은 황소자리 · 로부터 멀리 떨어질 수 없습니다.

그림 1-15나 1-16을 보면 달은 황도에서 조금 떨어져 있습니다. 이는 이미 앞에서 설명한 바와 같이 지구의 공전궤도면과 달의 공전궤도면이 각도로 5도가량 어긋나있기 때문입니다. 하늘에서 달이 지나가는 길을 백도라 하는데 한자로는 '白道' 라고 적습니다.

## 동양의 28수

동양에서는 동 · 서 · 남 · 북 각 방향마다 7개씩의 별자리가 자리를 잡게 됐습니다. 모두 합치면 28개가 되는데 이를 28수라고 합니다. 28수는 한자로 '二十八宿' 같이 적습니다. '宿' 은 흔히 '숙' 으로 읽는데 이 경우에는 '수' 로 읽습니다. 28수는 별자리이지만 대표 별로 표시됩니다.

동쪽 하늘을 대표하는 별자리는
角亢氐房心尾箕  각항저방심미기
북쪽 하늘을 대표하는 별자리는
斗牛女虛危室壁  두우여허위실벽
서쪽 하늘을 대표하는 별자리는
奎婁胃昴畢觜參  규루위묘필자삼

남쪽 하늘을 대표하는 별자리는

井鬼柳星張翼軫 정귀유성장익진

처럼 각각 7개가 있습니다. 표 1-4에는 28수가 정리돼 있습니다.

| 순서 | 한글 | 한자 | 대표 별 | 순서 | 한글 | 한자 | 대표 별 |
|------|------|------|---------|------|------|------|---------|
| 1 | 각 | 角 | 처녀 $\alpha$ | 15 | 규 | 奎 | 안드로메다 $\zeta$ |
| 2 | 항 | 亢 | 처녀 $\kappa$ | 16 | 루 | 婁 | 양 $\beta$ |
| 3 | 저 | 氐 | 천칭 $\alpha$ | 17 | 위 | 胃 | 양 35 |
| 4 | 방 | 房 | 전갈 $\pi$ | 18 | 묘 | 昴 | 황소 $\eta$ |
| 5 | 심 | 心 | 전갈 $\sigma$ | 19 | 필 | 畢 | 황소 $\varepsilon$ |
| 6 | 미 | 尾 | 궁수 $\mu$ | 20 | 자 | 觜 | 오리온 $\lambda$ |
| 7 | 기 | 箕 | 궁수 $\gamma$ | 21 | 삼 | 參 | 오리온 $\delta$ |
| 8 | 두 | 斗 | 궁수 $\varphi$ | 22 | 정 | 井 | 쌍둥이 $\mu$ |
| 9 | 우 | 牛 | 염소 $\beta$ | 23 | 귀 | 鬼 | 게 $\theta$ |
| 10 | 여 | 女 | 물병 $\varepsilon$ | 24 | 유 | 柳 | 바다뱀 $\delta$ |
| 11 | 허 | 虛 | 물병 $\beta$ | 25 | 성 | 星 | 바다뱀 $\alpha$ |
| 12 | 위 | 危 | 물병 $\alpha$ | 26 | 장 | 張 | 바다뱀 $\nu$ |
| 13 | 실 | 室 | 페가수스 $\alpha$ | 27 | 익 | 翼 | 컵 $\alpha$ |
| 14 | 벽 | 壁 | 페가수스 $\gamma$ | 28 | 진 | 軫 | 까마귀 $\gamma$ |

표 1-4 동양의 28수

표 1-4의 28수가 언제 정해졌는지는 아무도 모릅니다. 1강에서 달의
지구 공전주기가 $27\frac{1}{3}$ 일이라고 설명한 적 있습니다. 숫자 $27\frac{1}{3}$ 에 가까운

것 중 4의 배수는 28이기 때문에 28수가 정해졌을 가능성이 높습니다. 즉 달은 대략 하루에 28수를 하나씩 건너가게 됩니다.

표 1-4에서 그리스 문자 $\alpha$(알파), $\beta$(베타), $\gamma$(감마), …… 등은 서양 별자리 내에서 별들의 밝기 순서를 말합니다. 예를 들어 28수 각은 처녀 $\alpha$, 서양 별자리 처녀자리에서 가장 밝은 별이라는 뜻이고 허는 물병 $\beta$, 물병자리에서 두 번째로 밝은 별이라는 뜻입니다. 그리스 문자 24개를 모두 사용하면 그다음 별부터는 25번 별, 26번 별, …… 같이 번호를 매깁니다.

자, 여기까지 해와 달과 별에 대해서 한 번 죽 훑어봤습니다. 정리하는 차원에서 연습문제를 하나 풀어보겠습니다. 다음과 같은 문장이 있습니다. 여러분은 여기서 천문학적으로 틀린 곳 네 군데를 지적할 수 있습니까? 별들은 생기를 되찾을 수 없다 이런 것 말고요. 힌트를 하나 드리자면 직녀성은 거문고자리에 있습니다.

… 겨울 산에서 올려다본 밤하늘의 별들은 너무도 아름다웠다. 자정이 다가와 보름달도 저버리자 별들은 생기를 되찾아 밝게 빛났다. 특히 금성은 마치 바로 옆에 있던 직녀성을 시녀로 거느린 여신처럼 우아하게 빛나고 있었다…

첫째, 보름달은 자정에 가장 하늘 높이 뜬다고 설명했습니다. 그러니까 '보름달도 저버리자' 부분은 틀린 것입니다. 둘째, 금성은 저녁이나 새벽에만 보인다고 설명했습니다. 그러니까 자정이 다가온 시각에 금성이 보였다는 것도 틀린 것입니다. 셋째, 직녀성이 속한 거문고자리는 황도12궁이 아닙니다. 따라서 금성은 직녀성 바로 옆으로 갈 수 없습니다. 넷째, 거문고자리는 여름철 별자리입니다. 겨울 산에서 자정이 지난 시각에 직녀성이 보일 리 없습니다.

여전히 어렵지요? 마지막으로 보너스 하나, 직녀성이 속해 있는 거문고자리의 내력에 대해 설명 드리겠습니다. 라틴말로 직녀성은 'Vega' 라고 하고, 거문고자리는 'Lyra' 라고 하는데 이것은 고대 그리스의 악기 이름입니다. 이것이 중국으로 전해지면서 한자로 '琴' 이 됩니다. 이 '금' 은 거문고를 뜻합니다. 부부간에 사랑이 깊으면 금슬이 좋다고 표현하는데 이 말은 바로 거문고와 비파처럼 잘 어울린다는 뜻입니다. 즉 금슬은 한자로 '琴瑟' 처럼 적습니다. 이 '琴' 이 우리나라에 들어와 원래 악기와는 아무런 상관이 없는 거문고로 둔갑하게 된 것입니다. 모든 별자리는 이런 식으로 수천 년에 걸친 사연을 담고 있습니다.


# 천동설과 지동설

원시 시대의 천문학 지식은 고대 그리스의 자연철학 시대를 활짝 꽃 피우는 밑거름이 됐습니다. 여기서 자연철학 시대란 과학이 곧 종교이자 철학이었던 BC 6~7세기 전후를 말합니다. 자연철학자들의 최대 관심은 우주의 근본물질로 여겨진 '아르케' 에 있었습니다. 그 중 탈레스는 만물의 근원이 물, 헤라클레이토스는 불, 아낙시메네스는 공기라고 주장했습니다.

그런데 자연철학자 중 가장 특이한 사람은 '피타고라스의 정리' 로 유명한 피타고라스였습니다. 그는 우주가 완전한 질서의 아름다움을 갖는 배열로 이루어졌다는 신념에 사로잡혀 있었습니다. 아름다운 것이나 조화로운 것 속에는 반드시 숫자의 질서가 존재한다고 믿었던 것입니다. 피타고라스의 업적은 너무 많아서 과연 그것을 혼자서 다 해낸 것인지 아니면 피타고라스학파에서 이룬 것들이 개인의 공로로 알려졌는지 분명치 않을 정도입니다.

그림 1-17에는 피타고라스가 만든 별이 있습니다. 우리가 흔히 별이라고 그린 도형입니다. 피타고라스학파 사람들은 이 별을 너무 좋아한 나머지 손바닥에 새기고 다니면서 학당을 출입할 때 통행증으로 이용했다는 말이 있을 정도입니다. 그들이 이 별을 그렇게 사랑했던 이유는 무엇이었을까요? 한마디로 그림 1-17에서 선분 가, 나, 다, 라 사이에는

가 : 나 = 나 : 다 = 다 : 라 = 1 : 1.618

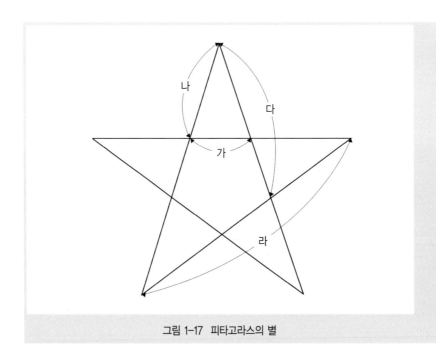

그림 1-17 피타고라스의 별

같이 '황금분할' 관계가 성립하기 때문이었습니다. 오늘날 군에서 가장 높은 장군의 계급으로 별을 사용하는 것도 피타고라스학파와 맥을 같이 하는 것인지도 모릅니다.

아리스토텔레스는 자연철학자들의 우주론을 집대성해 4가지 원소를 주장했습니다. 즉 물, 불, 공기, 흙이 어떤 비율로 배합돼 우주의 모든 물질을 만들어낸다고 주장했던 것입니다. 흙은 물속에서 가라앉고 공기 방울은 물속에서 떠오르므로, 공기 중에서 타오르는 불이 4원소 중에서 가장 가볍고 그다음으로 공기, 흙, 물의 순서를 이뤘습니다. 따라서 밑에서부터 흙, 물, 공기, 불의 순서로 배열된다면 운동이란 있을 수가 없는 것이 아리스토텔레스의 우주입니다.

하지만 실제로는 그 배합이 마구 뒤섞여 있기 때문에 우주에서는 끊임없는 변화가 일어나게 됩니다. 예를 들어, 흙 성분이 강한 것으로 믿어지는 쇠는 공기 중에서 밑으로 떨어질 수밖에 없습니다. 따라서 아리스토텔레스의 운동론에서 무게란 지구의 중심을 향해 떨어지려는 척도와 같기 때문에 더 무거운 물체는 더 빨리 아래로 떨어져야 합니다. 이 잘못된 개념은 근세에 이르러 갈릴레이가 피사의 사탑에서 무게가 다른 2개의 물체를 떨어트려 동시에 땅에 떨어진다는 사실을 증명할 때까지 의심받지 않고 전수됐습니다.

이리하여 아리스토텔레스의 우주에서는 상하 수직 직선운동밖에 존재할 수 없었습니다. 하지만 지구를 공전하는 달부터 모든 행성은 원운동을 하는 것처럼 보였으므로 아리스토텔레스의 우주론에서는 달 아래와 위를 지배하는 우주의 원리가 다를 수밖에 없었습니다. 따라서 달 위의 행성들을 구성하는 원소도 기존의 4원소가 아니어야 했습니다. 아리스토텔레스는 이런 제5원소를 '에테르'라고 불렀습니다.

알렉산더 대왕이 거대한 영토를 확보하자 세계 학문의 중심은 자연스럽게 이집트의 알렉산드리아로 옮겨졌습니다. 즉 아리스토텔레스의 우주관과 고대 천문학 지식이 모여 마침내 천동설 우주론이 태어났습니다. 이 시대에는 지구가 둥글다는 사실도 이미 알려졌습니다. 프톨레마이오스는 저서 〈알마게스트〉에서 그림 1-18과 같이 둥근 지구가 중심에 있는 천동설 우주를 주장합니다.

천동설 우주에서 행성들은 에테르로 만들어진 수정 천구에 붙어있습니다. 이 수정 천구들이 제각기 다른 속도로 회전함에 따라서 행성들은

그림 1-18 천동설 우주론

밤하늘을 유영하게 되는 것입니다. 즉 하늘이 여러 겹이었던 것인데 동양에도 이와 비슷한 '9개의 하늘', 한자로 '九天' 개념이 있습니다.

그림 1-18을 주의 깊게 보면 행성들은 수정 천구에서 다시 조그만 원운동을 하도록 만들어져 있습니다. 이리하여 하늘에서 주로 동쪽으로 진행하다가 잠깐 방향을 바꿔 서쪽으로 진행하는 행성의 '역행' 현상을 설명할 수 있었습니다. 이리하여 아리스토텔레스의 운동론은 프톨레마이오스의 천동설 우주론과 함께 중세에 이르기까지 무려 1,400년을 전해 내려오게 됩니다.

우리 눈에 해와 달과 별이 뜨고 지는 것처럼 보이기 때문에 옛날 천동설 우주를 신봉한 일은 지극히 자연스러운 것이었습니다. 영어로는 천동설 우주를 'geocentric universe' 같이 적습니다. 이는 지구, 즉 'geo'가 가운데, 즉 'centric'에 있다는 뜻입니다. 지동설 우주는 영어로 'heliocentric universe' 같이 적습니다. 이는 해, 즉 'helio'가 가운데, 즉 'centric'에 있다는 뜻입니다. 언뜻 보면 지구를 의미하는 'geo'가 앞에 있으니 'geocentric universe'가 지동설 우주 같은데 그렇지 않다는 것입니다.

사실 'geocentric universe'는 지중설, 즉 한자로 '地中說', 'heliocentric universe'는 일중설, 즉 한자로 '日中說' 같이 직역하면 혼돈이 없습니다. 그런데 항상 삼라만상을 '天地'로 구분해오던 동양에서는 이것이 자연스럽지 않았습니다. 그래서 '地中說'은 지구가 중심에 있으니까 하늘이 움직인다는 뜻으로 '天動說'로, '日中說'은 해가 중심에 있으니까 지구가 움직인다는 뜻으로 '地動說'로 한 번 더 번역됐습니다. 그래서 천동설 우주는 'geocentric universe', 지동설 우주는 'heliocentric universe'가 된 것입니다.

# 천왕성과 해왕성과 명왕성

근세에 이르러 서양에 천체망원경이 등장하면서부터 동양천문학이 뒤지기 시작합니다. 천체망원경으로 토성 밖의 행성이 발견되고 'Uranus'라는 이름을 얻습니다. 이 이름 '우라노스' 역시 그리스 신화에 나오는 하늘 신의 이름입니다. 그래서 동양으로 전래하면서 '天王星'으로 번역됐습니다. 이런 식으로 나중에 발견된 바다의 신 'Neptune'도 '海王星'으로, 지옥의 신 'Pluto'도 '冥王星'으로 번역된 것입니다. 이후 명왕성은 태양계의 행성 지위를 박탈당하게 됩니다.

그런데 명왕성은 처음부터 행성으로서의 자격이 의심스러웠습니다. 태양계 안쪽에 있는 수성·금성·지구·화성은 작고 표면이 흙으로 덮여 있습니다. 태양계 바깥쪽에 있는 목성·토성·천왕성·해왕성은 크고 유체로 구성돼 있습니다. 그런데 크기가 수성보다도 작은 명왕성은 이 규칙을 깰 뿐만 아니라 공전궤도도 태양계 평면으로부터 17도나 기울어져 있습니다. 거기에다가 명왕성의 궤도는 상당히 찌그러진 타원이기 때문에 어떤 때는 해왕성의 궤도 안으로 들어오기도 했습니다.

이러한 점들이 처음부터 마음에 들지 않던 일부 천문학자들은 기회만 있으면 명왕성을 행성의 반열에서 끌어내리려 했습니다. 그러나 1978년 명왕성이 위성을 가지고 있다는 사실이 밝혀지면서 그 시도는 잠시 가라앉게 됐습니다. 카론이라고 새로 명명된 그 위성 덕에 명왕성의 체면이 유지됐던 것입니다. 카론은 '저승의 강'을 건네주는 뱃사공을 말하는데 명왕성에 정말 잘 어울리는 위성 이름이 아닐 수 없습니다.

성능이 더욱 좋아진 천체망원경 덕분에 명왕성과 비슷한 작은 천체들이 더 많이 발견되면서 비극이 시작됐습니다. 한마디로, 명왕성에게 행성의 지위를 준 이상 다른 것들도 모두 고려해아 할 상항에 이른 것입니다. 그러자 국제천문연맹은 명왕성을 행성에서 퇴출하는 쉬운 길을 택했습니다. 명왕성의 행성 지위를 박탈하면 모든 고민에서 한 번에 벗어날 수 있기 때문이었습니다.

# 불과 백 년 전에 밝혀진 대우주

잘못된 어린이 영화를 보면

"여기는 지구다, 화성 나와라."

"여기는 화성이다."

같이 교신하는 장면이 나옵니다. 하지만 이는 틀린 것으로 우리가 일상생활에서 상식적으로 느끼는 공간 개념을 커다란 우주에 적용해 나온 오류입니다. 태양계는 생각보다는 훨씬 커서 광속으로 퍼지는 전파로도 이렇게 바로 통신할 수는 없습니다. 여기서 광속이란 빛의 속도, 1초에 지구를 7바퀴 반이나 돌 수 있는 초속 30만 km를 말합니다. 지구에서 달까지는 광속으로 가면 약 1초의 시간이 걸립니다. 하지만 해는 8분이 넘게 걸리고, 화성은 지구에 가장 가까이 있을 때 4분가량 걸립니다.

우리가 일상생활에서 상식적으로 느끼는 시간 개념을 유구한 시간에 적용해도 오류가 나옵니다. 예를 들어, 영화에서 원시인과 공룡이 싸우는 장면이 바로 틀린 예가 됩니다. 사실 공룡은 중생대에 번성하고 사람은 신생대에 출현해서 서로 싸울 기회가 한 번도 없었는데, '아득한 옛날'이라는 이름 아래 어울려 싸우고 있는 것입니다. 공룡은 원시인, 화산, 돌도끼 등과 한 세트로 처리될 수 없습니다.

또한, 우리는 TV에서 하루에도 몇 번씩 별들이 가로수처럼 뒤로 지나가는 것을 봅니다. 이것 또한 엉터리가 아닐 수 없습니다. 왜냐하면, 별과 별 사이의 평균거리는 광속으로 몇 년을 여행해야 하기 때문입니다. 즉, 광속 로켓을 타고 가도 몇 년이 걸리는데 어떻게 별들이 몇 초 안에 가로수처럼 뒤로 지나갈 수 있습니까. 별이 약 수천억 개 모여서 이루는 별무리를 우리는 은하라고 부릅니다.

그림 1-19는 아름다운 은하수 사진입니다. 일반인은 찾기 힘든 남두육성도 노란 선으로 표시해놓았습니다. 동양에서는 은처럼 반짝이는 물이 흐른다 하여 '은하수', 즉 한자로 '銀河水'라고 불렀고 서양에서는 여신 헤라의 젖이 흐른다고 하여 'the Milky Way'라고 불렀습니다. 은하를 뜻하는 영어 'galaxy' 또한 우유를 뜻하는 말입니다. 은하수는 우리나라에서 여름에 가장 웅대한 모습을 드러냅니다.

그림 1-19  여름 은하수와 남두육성

우리 눈에 긴 강처럼 보이는 은하수는 바로 우리 은하의 모습입니다. 그럼 우리 은하는 어떤 모습을 하고 있을까요? 다른 은하들의 사진을 보면 그 답을 찾을 수 있습니다. 예를 들어 우리가 밖으로 나갈 수 없는 아파트에 살고 있다고 가정합시다. 우리가 사는 아파트 건물이 어떻게 생겼는지 알아내려면 창문으로 보이는 이웃 아파트 건물을 보면 되지 않겠습니까? 마찬가지입니다. 그림 1-20에는 지름이 10만 광년이나 되는 거대한 외부 은하의 모습이 나와 있습니다. 우리 은하도 아마 이런 모습을 하고 있을 것입니다.

그림 1-20
아름다운 외부
은하의 모습

그러면 왜 그림 1-20처럼 생긴 우리 은하가 그림 1-19처럼 기다란 은하수로 보일까요? 그야 당연히 우리가 은하 속에 있으니까 그렇지요. 우리가 어떻게 우리 은하를 정면에서 볼 수가 있겠습니까.

불과 백 년 전까지만 해도 우주에는 우리 은하 하나만 있는 줄 알았습니다. 그래서 서양 사람들은 우리 은하를 정관사 'the'를 붙이고 첫 글자를 대문자로 써서 'the Galaxy' 같이 표기했습니다. 하지만 우리 은하는 유일한 은하가 아니었습니다. 최근까지 찾아낸 은하는 모두 1천억 개가 넘습니다! 크고 작은 은하들은 그림 1-21 같이 은하단을 구성하고 있습니다. 은하단의 중심에는 거대한 타원은하들이 자리를 잡고 있습니다. 그 주위를 '위성은하'들이 공전하는 구조로 은하단은 이루어져 있습니다.

그림 1-21 은하단의 모습

한번은 큰 강당에서 강의하면서 우주가 크다는 것을 구체적으로 강조할 필요성을 느꼈습니다. 그래서 우주의 크기가 그 강당만 하다면 우리 지구는 아마 바이러스만 할 것이라고 말했습니다. 그리고 그 정도면 청중들이 꽤 놀랐겠지 하며 속으로 흐뭇해했습니다. 하지만 강의가 끝나고 곰곰이 생각해 보니 제가 커다란 실수를 했다는 사실을 깨닫게 됐습니다. 지구를 너무 크게 비유했던 것입니다. 만일 천문학자들이 관측하는 우주를 지구 크기로 줄인다면 지구는 원자보다도 작아야 합니다!

이것으로 하늘 공부 강의를 모두 마치겠습니다.

감사합니다.

# 북두칠성과 우리 민족

민화에 따르면 우리는 북두칠성 신선의 점지를 받아 태어난다. 그런데 출생 과정만 북두칠성이 관여하는 것이 아니다. 재래식 장묘에서 관 바닥에 까는 것을 칠성판이라고 부른다. 이처럼 우리 민족의 삶은 북두칠성은 깊은 관계가 있다. 삼국 시대 고분 벽화에도 북두칠성은 빠지지 않는다. 북두칠성으로 은하수를 떠 마시겠다는 정철의 가사는 멋까지 간직하고 있다.

며칠만 지나면 개천절이다. 세계 어느 나라가 하늘이 열린 날이라는 공휴일을 가지고 있는가. 생각만 해도 신 나는 일이다. 개천절 행사에 참여하는 강화도의 칠선녀는 무엇을 상징할까. 이것 역시 북두칠성이다. 지구 상에서 우리만큼 우주와 하늘을 사랑하고 숭상해 온 민족은 거의 없다. 애국가에 나오는 '하느님' 또한 이를 증명하고 있다.

천체를 상징하여 만들어진 국기는 꽤 많다. 예컨대 일본의 국기는 해를 상징하고 있고 중국의 국기에도 별 다섯 개가 나온다. 반면 우리 태극기는 세계의 수많은 국기 중 유일하게 우주의 원리를 바탕으로 만들어져 있다. 우리는 한마디로 자랑스러운 '천손', '우주민족'인 것이다.

하지만 많은 사람이 이에 대하여 전혀 모르고 있다. 도대체 우주와 하늘을 숭상하던 전통은 어디로 사라졌는가. 심지어 이 땅에 태어난 것을 축복받지 못한 일로 생각하는 젊은이들도 많다니 정말 가슴 아픈 일이 아닐 수 없다. 국내에 살든 국외에 살든 민족에 대해 자부심과 긍지를 갖는 일은 시대를 막론하고 매우 중요한 일이다. 더구나 열강들 틈바구니에서 둘로 갈라져 있는 우리 현실을 생각하면 더욱 그렇다.

외국인들은 초현대식 빌딩을 짓고 나서 돼지머리를 놓고 고사를 지내는 한국인들을 이해하지 못할 것이다. 그 행위 자체가 바람직하다 아니다 논하기에 앞서, 그것이 우리가 전통적으로 지내온 제천행사라는 점을 인식할 필요가 있다. 우리는 하늘에 빌지 않고는 직성이 풀리지 않는 것이다.

나는 미국 유학시절 한 외국인의 질문에 무척 당황한 적이 있었다. 그 질문은 바로 한국인의 공통정신에 관한 것이었다. 아무리 생각해봐도 3·1 정신, 새마을정신, 국민교육헌장, 충무정신 …… 어느 것 하나 나의 가슴을 진정으로 채우고 있지 않다는 사실에 놀라움을 금치 못했던 것이다.

국내에서 고등교육까지 받은 필자가 그 질문에 선뜻 답하지 못한 것이 한심했지만, 문제는 그것이 필자만의 문제가 아니라는 데에 있었다. 필자는 같은 질문을 주위의 한국 사람들에게 수없이 던져 보았지만 시원스럽게 들리는 대답은 어느 누구로부터도 나오지 않았다. 필자의 고민은 이때부터 시작돼 몇 년이나 이어졌다.

하지만 이제는 나름대로 자신 있게 대답한다 — 우리의 공통정신은 '천손사상', '우주민족사상'이다. 한마디로 우주의 섭리를 밝혀 이에 순응하려는 정신이다. 이를 실천하는 사람을 우리는 선비라 부르며 추앙했다. 사극에서 가장 멋있는 사람이 누군가. 천문을 보고 천기를 누설하는 도인 아닌가.

천벌을 두려워하며 의로운 삶을 추구하다 보니 가난한 선비 또한 자연스럽게 우리 민족의 영원한 스타가 됐다. 우리 옛 그림에 나오는 낚시꾼은 단순한 어부가 아니라 세월을 낚는, 자연을 관조하는 선비이다. 한국인들이 귀거래 후 누리고 싶은 삶이 그림에 담겨 있는 것이다. 이것이야말로 의식적으로, 무의식적으로 우리가 추구하는 가장 의미 있는 삶 아닌가.

사족 하나, 이글에서 필자가 말하는 선비는 꼭 남자를 의미하는 것은 아니다. 여기서 말하는 선비란 예를 들어 음식에 음양오행의 원리를 담으려고 노력한 옛날 여인들도 포함된다. 옛 어머니들이 밤에 떠 놓은 정한수에는 북두칠성이 비치지 않았을까. 사족 둘, 필자는 기성종교를 가지고 있거나 역술을 공부하는 사람이 아니니 어떤 오해도 없기 바란다.

# 2

## 하늘 전통

"허어, 하늘이 관계되지 않은 분야가 어디 있는가.
해·달·별로부터 자유로운 일이 하늘 아래 어디 있는가
말일세!" 〈개천기〉에서

안녕하세요.

한국천문연구원의 박석재입니다.

1강에서는 하늘 공부라는 이름 아래 해와 달과 별에 대한 기초지식을 정리했습니다. 이번 2강에서는 하늘 전통이라는 이름 아래 우리 민족의 하늘에 대한 집념에 대해 알아보도록 하겠습니다.

전 세계 고인돌의 절반 이상이 우리 한반도에 분포하고 있다고 합니다. 그중에는 북두칠성과 같은 별들이 새겨져 있는 것도 많습니다. 이처럼 우리 민족은 원시 시대부터 하늘을 숭앙하는 DNA를 가지고 있었습니다. 태곳적부터 우리 스스로 천손이라 여겼습니다. 천손을 한자로 쓰면 '天孫'이 되니 '하늘의 자손'이라는 뜻입니다. 이에 반해 우리 주위의 다른 민족들을 지손, 즉 '地孫'이라고 여겼으니 선민사상까지 가지고 있었던 것입니다.

조선 시대 이전을 배경으로 하는 TV 연속극을 보면 예외 없이 천녀, '天女'가 등장합니다. 나라에서 하늘을 받드는 별도의 조직을 따로 운영했던 것입니다. 자, 그러면 하늘에 빌지 않고는 직성이 풀리지 않는 이 민족의 지독한 하늘 전통을 하나씩 살펴보도록 하겠습니다.

# 달과 토끼와 두꺼비

달은 정말 우리한테 정겨운 천체입니다. 어떻게 보면 대낮의 화려한 해보다 우리 정서에 더 맞는 천체인지도 모르겠습니다. 그래서 그런지 동양화에 달은 자주 등장하지만 해는 거의 없다는 것을 아실 수 있습니다.

그림 1-2의 보름달 모습을 자세히 살펴봅시다. 표면에서 검게 보이는 부분은 고도가 낮은 지역입니다. 주로 현무암으로 이루어져 있는데 '바다'라고 불립니다. 바다는 바다인데 물이 없는 바다인 셈입니다. 우리는 어려서부터 토끼가 달에서 방아를 찧는다는 이야기를 수없이 들어왔습니다. 달에는 정말 토끼가 있을까요? 물론 살아서 펄쩍펄쩍 뛰어다니는 토끼는 없습니다. 하지만 바다들을 잘 연결하면 그림 2-1처럼 방아를 찧는 토끼를 발견하게 됩니다.

그림 2-1 달 표면의 방아를 찧는 토끼

그림 2-1은 우리나라에서 동산에 떠오르는 보름달을 바탕으로 그린 것입니다. 토끼가 왼쪽에 앉아 있다는 사실을 잊지 말기 바랍니다. 보름달을 이용한 작품이나 광고에서 토끼가 오른쪽에 앉아있으면 그림을 뒤집은 실수를 한 것입니다. 추석이 다가오면 틀린 보름달 광고가 몇 개나 등장하는지 유심히 살펴봅니다. 가끔 토끼가 없는 보름달도 많이 보게 되는데 이는 인터넷에 돌아다니는 달의 옆면이나 뒷면 사진을 이용했기 때문입니다.

우리가 보는 보름달의 모습은 항상 그림 2-1처럼 보입니다. 왜냐하면, 달은 지구를 1회 공전하는 동안 1회 자전하기 때문입니다. 즉 항상 같은 면만 지구를 향하게 되는 것이지요. 하지만 보름달이 높이 뜨면 토끼가 거꾸로 매달리게 됩니다. 그림 1-7의 보름달을 자세히 보세요. 그림 2-1처럼 보이던 달이 돌아갔지요? 이것은 달이 자전해서가 아니라 지구의 관측자에 대한 상대적 위치가 변하기 때문입니다. 그림 1-7의 보름달 위쪽이 달의 북극 방향이라고 생각하면 됩니다. 그림 1-7을 자세히 보면 토끼 부분이 보이는 반달은 상현달, 절구 부분이 보이는 반달은 하현달이라는 사실도 알 수 있습니다.

우리 조상은 달에서 '토끼와 두꺼비'를 찾아냈습니다. 즉 그림 2-1의 절구 부분을 그림 2-2에서처럼 두꺼비로 간주했던 것이지요. 우리가 보면 토끼 모양이 더 뚜렷한데 고구려 벽화 등을 보면 오히려 토끼를 무시하고 두꺼비만 그려놓은 경우도 많이 봤습니다. 그림 2-3을 보면 무슨 말인지 확실히 이해할 수 있을 것입니다.

그림 2-2
달 표면의 토끼와 두꺼비

그림 2-3과 비슷한 그림 2-4는 제 한국천문연구원장 시절 한국천문연구원 본관 건물인 세종홀의 현관 서편에 걸어놓았던 달을 상징하는 동판의 사진입니다. 수천 년간 이어진 우리나라 천문대의 맥을 잇는 한국천문연구원의 본관 건물 현관이 너무 초라해 보여서 그렇게 한 것입니다.

그림 2-3
고구려 고분 벽화의
달 그림

그림 2-4
달을 상징하는 동판

# 해와 삼족오

한국천문연구원 세종홀의 현관 동편에는 해를 상징하는 동판을 걸어 놓았습니다. 바로 그림 2-5가 그것인데 삼족오의 모습입니다. 삼족오란 다리가 세 개인 까마귀라는 뜻으로 한자로는 '三足烏'라고 씁니다. 이 모습은 그림 2-6에서 보는 바와 같이 고구려 유물의 삼족오 디자인을 그대로 모방한 것입니다. 그림 2-5를 자세히 보면 삼족오는 새 발이 아니라 짐승의 발을 가지고 있다는 사실을 알 수 있습니다. 그렇습니다. 삼족오는 보통 까마귀가 아니고 해에 사는 태양신입니다.

그림 2-5
해를 상징하는 동판

그림 2-6
고구려 유물 속의 삼족오

　저는 그림 2-5의 삼족오를 볼 때마다 감동합니다. 곡선 하나하나가 너무 아름답습니다. 현대 최고의 디자이너도 종이 한 장 주고 삼족오를 그려보라고 하면 저렇게 그릴 수 있을까요. 어떻게 저 모양을 금속으로 만들 수 있을까요. 하지만 우리는 삼족오를 잊고 살았습니다. 〈연개소문〉이나 〈주몽〉 같은 TV 연속극이 국민에게 삼족오를 소개하면서 비로소 그 존재가 인식됐다고 해도 과언이 아닙니다. 반면 일본 사람들은 삼족오를 너무 좋아합니다. 일본이라는 나라 이름을 한자로 '日本'이라고 적는데 해를 근본으로 한다는 뜻입니다. 일본 국기는 태양 그 자체 아닙니까. 일본축구협회 휘장을 보면 삼족오가 있습니다. 삼족오가 두 다리로 서 있고

세 번째 발로 축구공을 잡고 있지요. 그나마 우리가 태극을 우리 것으로 만들어 '태극전사'는 우리나라 선수가 됐고 '태극날개'는 우리 국적기가 된 것은 정말 다행입니다. 이 또한 태극기를 제정한 고종 황제 덕분 아니겠습니까.

그림 2-7
일본축구협회 휘장

# 28수와 사신도

고구려 시대에는 임금이 죽으면 고분 안을 우주로 만들었습니다. 그러니까 고분 높이 해와 달, 즉 삼족오와 토끼 · 두꺼비가 자리를 잡게 되지요. 동서남북 벽에는 각각 청룡 · 백호 · 주작 · 현무, 사신도가 자리를 잡았습니다. 왜 사신도일까요? 사신도는 동양의 별자리이기 때문입니다.

그림 2-8에는 사신도와 28수의 모습이 은하수 위에 펼쳐져 있습니다. 그림 2-8에서 왼쪽이 청룡, 오른쪽이 백호, 위쪽이 현무, 아래쪽이 주작임에 유의해야 합니다. 즉 지도의 동서남북과 비교하면 동서가 바뀌어 있는 것처럼 보입니다. 이는 누워서 올려다보는 하늘을 그렸기 때문입니다.

그림 2-8  사신도와 28수와 은하수

　강원도 태백시에서는 지방자치단체 행사로서 매년 천제를 지냅니다. 천제는 한자로 '天祭'라고 쓰며 하늘에 제를 지낸다는 뜻입니다. 그림 2-9의 천제 행사 장면을 보시지요. 그림에서 가장 높은 깃발 2개가 눈에 띕니다. 무슨 깃발일까요? 당연히 해와 달을 상징하는 것들입니다. 오른쪽 높은 깃발은 빨간색이니 해를 상징하는 것입니다. 자세히 보면 가운데에 까만 것이 있지요? 잘 보이지는 않지만 보나 마나 삼족오 그림입니다. 왼쪽 높은 깃발은 노란색이고 토끼가 그려진 달을 상징하는 것입니다.

그림 2-9 강원도 태백시의 천제 광경

한국천문연구원장 시절, 이 사진을 처음 본 순간 저는 아주 기뻤습니다. 제가 천제를 보고 한국천문연구원 본관 건물의 현관에 삼족오, 토끼·두꺼비 동판을 걸어놓은 것도 아닌데 정확히 일치하니 말입니다. '나는 자격이 있으니 천문대장의 직을 수행해도 나라에 폐를 끼치지 않겠다.' 하며 자신감을 느끼고 소신껏 일하게 된 계기가 됐습니다.

그러면 그림 2-9에서 주위를 둘러싸고 있는 깃발들은 몇 개일까요? 사진에 다 보이지는 않지만, 당연히 28개라야 합니다. 고구려 고분 내부와 마찬가지로 동서남북 각 방향에 청룡·백호·주작·현무가 배치된 것입니다. 윷놀이 말판을 보면 모두 29개의 점이 있습니다. 가운데 것을 빼면 28개가 되는데 이것 역시 28수와 관련이 있는 것입니다. 즉 윷놀이는 달이 28수 사이를 운행하는 것을 묘사한 우리나라만의 놀이입니다.

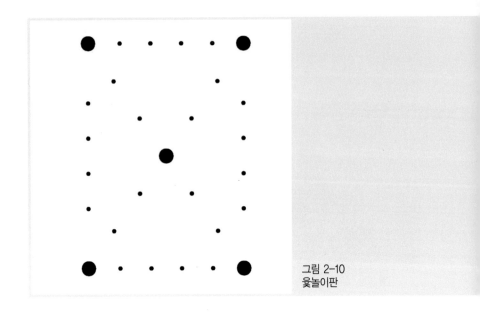

그림 2-10
윷놀이판

# 북두칠성

그림 2-11에서 보는 바와 같이 시계 반대방향으로 북극성을 하루에 한 번 도는 북두칠성은 우리 민족에게 매우 중요한 별자리입니다. 밤새워 지켜보면 그림 2-11의 네 모양 중 세 모양은 볼 수 있습니다. 나머지 하나는 낮이어서 볼 수 없게 되는 것이지요. 예를 들어 봄에는 초저녁에 북극성의 오른쪽에 있다가 밤이 되면 머리 위에 가깝게 높이 올라옵니다. 그리고 새벽이 되면 북극성의 왼쪽에서 날이 밝아옴에 따라 사라집니다. 북두칠성은 글자 그대로 밝은 7개 별로 구성돼 있으며 현대 서양 별자리를 기준으로 하면 북쪽 하늘 큰곰자리의 꼬리 부분입니다. 북두칠성 자체가 독립된 하나의 별자리는 아닙니다.

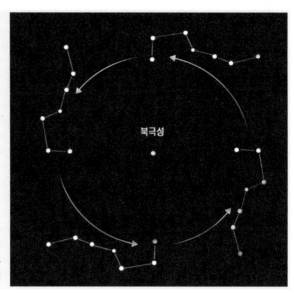

그림 2-11
하루에 하늘의 북극을
한 바퀴 도는 북두칠성

북극성

북두칠성은 지평선 낮게 깔리는 겨울만 제외하면 북쪽 하늘에서 찾기 쉽습니다. 국자의 손잡이 반대편인 그릇 부분 끝의 두 별을 북쪽으로 연장해 나아가면 북극성과 만나게 됩니다. 북극성에 가까운 것은 큰곰자리 $\alpha$성이고 다른 하나는 큰곰자리 $\beta$성인데 이 두 별은 극을 가리킨다 하여 옛날부터 '지극성', 즉 한자로 '指極星'으로 알려졌습니다. 이름이 '지극정성'과 비슷해서인지 옛날 어머니들이 정화수를 떠놓고 북쪽 하늘을 향해 빌 때 이 두 별을 물에 비추었다고 합니다.

북극성은 북두칠성 별들과 같은 밝기로 2등성이지만 그 주위에 밝은 별들이 없어서 상대적으로 눈에 쉽게 띕니다. 북두칠성의 국자의 손잡이와 그릇 부분이 만나는 부분에 있는 별, 즉 어느 끝에서 세어도 네 번째인 별 하나만 밝기가 어둡고 나머지 6개의 별은 밝습니다. 이는 나머지 6개의 별이 2등성인데 반해 네 번째 별만 3등성이기 때문입니다. 북두칠성과 함께 남두육성도 고구려의 고분 벽화에 자주 등장합니다. 하지만 궁수자리에 있는 남두육성은 밤하늘 관측에 숙련된 사람이 아니면 찾기 어렵습니다. 그림 1-19에 남두육성 사진을 게재했으니 참고하기 바랍니다.

민화에 따르면 우리는 북두칠성 신선의 점지를 받아 태어납니다. 그런데 출생과정만 북두칠성이 관여하는 것이 아닙니다. 재래식 장묘에서 구멍이 7개 뚫린 관 바닥의 나무판을 '칠성판'이라고 부릅니다. 이처럼 우리 민족의 삶은 북두칠성은 깊은 관계가 있습니다. 개천절 행사에 참여하는 칠선녀는 무엇을 상징할까요? 이것 역시 북두칠성에 다름없습니다.

## 삼국 시대와 고려 시대

고조선 시대에는 감성관이라는 천문학자들이 있었습니다. 여기서 고조선은 한자로 '古朝鮮', 감성관은 한자로 '監星官'이라고 적습니다. 그런데 고조선이라는 나라 이름이 너무 우습지 않습니까? 누가 나라 이름을 우리는 옛 조선이다. 이렇게 짓습니까. 정당을 만들어도 '신○○당' 이런 식으로 짓지 않습니까. 조선이라는 나라가 나중에 생긴 다음에 구분하기 위해서 '고'를 넣은 것입니다.

삼국 시대에 이르러서는 첨성대를 만든 신라의 선덕여왕이 단연 돋보입니다. 첨성대는 한자로 '瞻星臺'라고 적으니 분명히 별을 관측하던 천문대가 틀림없습니다. 백제의 관륵은 일본에 천문학을 전수했습니다. 이는 일본도 인정하는 역사적 사실입니다. 일본의 연로한 천문학자는 소행성에 관륵의 이름을 붙여 감사의 뜻을 표하기도 했습니다. 이러한 천문학 전통은 고려 시대 서운관으로 이어집니다. 서운관은 한자로 '書雲觀' 같이 적습니다. 지금도 개성 근처에 서운관 관측대가 남아 있습니다.

세계사를 통해 살펴보면 나라가 융성할 때는 반드시 천문학도 발전했습니다. 예를 들어, 고대 서양에서 지중해의 상권을 페니키아가 장악할 수 있었던 것도 바로 페니키아 천문학 덕분이었던 것입니다. 이는 천문학 없이는 항해술이 발달할 수 없다는 평범한 진리, 나아가 나라가 흥하면 천문학도 흥하고 나라가 망하면 천문학도 망한다는 사실을 일깨워줍니다. 예를 들면, 지금도 세계의 책력을 주도하는 곳은 미국의 해군 천문대, 'U. S. Naval Observatory'입니다. 해군의 교과 과정에서 천문학은 필수입니다.

고려도 훌륭한 천문학 덕분에 해상왕국을 건설할 수 있었던 것입니다. 그 이전 통일신라 시대 장보고는 어떻게 중국을 건너 인도까지 항해할 수 있었을까요? 이런 사실까지 고려한다면 '잃어버린 우리 천문학', '잃어버린 우리 해양역사'가 얼마나 큰지 짐작조차 할 수 없습니다. 참으로 안타까운 일입니다.

하늘을 숭앙하는 전통은 조선 시대로 이어집니다. 1392년 고려를 무너트리고 새로 조선을 건국한 태조 이성계는 백성이 이를 하늘의 뜻으로 받아들여 주기를 바랐습니다. 그러던 중, 고구려 성좌도 탁본을 얻게 되자 그는 뛸 듯이 기뻐하며 이를 돌에 새길 것을 명합니다. 그리하여 태조 4년, 즉 1396년에 완성하니 이것이 현재 경복궁에 보존되고 있는 국보 제228호 천상열차분야지도입니다.

# 천상열차분야지도

　천상열차분야지도는 한자로 '天象列次分野之圖'라고 적으니 곧 '하늘의 모습을 순서대로 분야별로 그린 그림'이란 뜻입니다. TV 연속극 〈대장금〉에서도 의녀들을 앞혀놓고 천상열차분야지도를 설명하는 장면이 나옵니다. 그림 2-12는 한국천문연구원 세종홀의 현관 정면에 세워진 천상열차분야지도 실물 크기 복제본의 사진입니다.

그림 2-12 천상열차분야지도의 실물 크기 복제본

　천상열차분야지도를 만들기 위해 개국공신 권근은 글을 짓고 류방택은 천문계산을 했으며 설경수는 글씨를 썼노라고 비문에 적혀있습니다. 글을 짓고 글씨를 쓰는 일은 선비라면 누구나 할 수 있었지만 천여 년 전에 만들어진 고구려 탁본을 바탕으로 그동안 모양이 변한 별자리를 보정하는 일은 아무나 할 수 없었습니다. 고려 말 천문대장이었던 류방택이 태조 측으로부터 협박을 받아 이 일을 완수했습니다.

천상열차분야지도는 1247년에 만들어진 중국의 순우천문도의 뒤를 이어 세계에서 두 번째로 오래된 석각천문도입니다. 하지만 천상열차분야지도 오른쪽 아랫부분에 당초 조선태조에게 바쳐진 탁본의 원본이 평양성에 있었다가 전란 중 대동강에 빠졌다고 새겨져 있습니다. 즉 그 원본은 순우천문도 보다 수백 년 전에 만들어졌다는 사실을 깨닫게 됩니다! 대동강 물속에서 우리를 기다리고 있는 천상열차분야지도 원본은 광개토태왕비 못지않은 우리 문화유산입니다. 왜냐하면, 광개토태왕비가 우리 민족의 힘을 보여준 것이라면 그것은 우리 민족의 문화를 보여주는 것이기 때문입니다. 우리가 천손이라는 사실을 증명해주는 귀중한 문화재이기 때문입니다. 가까운 장래에 천상열차분야지도 원본이 하늘을 볼 수 있기를 충심으로 기원합니다.


우리 눈에 보이는 둥근 공처럼 보이는 하늘을 천구라고 합니다. 천구는 한자로 '天球'라고 씁니다. 지구의 공전궤도를 포함한 천구의 개념이 그림 2-14에 그려져 있습니다. 태양계 면에 대해 지축이 $23\frac{1}{2}$도 기울어져 있기 때문에 황도와 적도 역시 $23\frac{1}{2}$도의 각도로 교차하게 됩니다. 그림 2-14를 정확하게 이해하는 일이 본격적인 하늘 공부의 첫 번째 관문입니다. 상생방송의 1강 〈해를 말하다〉 편에서 체계적으로 자세히 설명했으니 참고하시기 바랍니다.

그림 2-13 천상열차분야지도

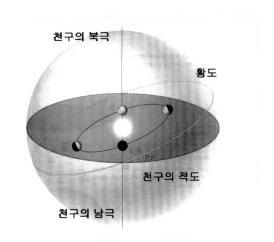

그림 2-14
천구의 적도와 황도

 

그림 2-13을 자세히 보면 천상열차분야지도 중앙에 2개의 원을 발견하게 됩니다. 두 원은 그림 2-15에서 보는 바와 같이 황도와 적도입니다. 그림 2-15는 그림 2-14의 천구를 북극을 중심으로 투영한 작도법에 따라 그려졌습니다. 즉 그림 2-14 천구의 밑 부분을 펼쳐 다리미질했다 생각하면 되겠습니다. 그러면 적도는 그림 2-15에서 보는 바와 같이 동심원을 그리게 되고 황도는 동심원이 아닌 원을 그리게 되는 것입니다.

그림 2-15
천상열차분야지도의
기본적 구조

류방택은 멸문지화를 면하기는 했지만, 고려의 신하로서 조선 건국에 결정적 역할을 한 것에 대해 몹시 자책한 것으로 알려져 있습니다. 그리하여 그는 계룡산에서 고려 말 충신들에게 제를 지내게 됐고 이것이 효시가 돼 동학사의 삼은각이 세워졌다고 합니다. 삼은각은 호가 은으로 끝나는 세 고려 충신, 즉 야은 길재, 목은 이색, 포은 정몽주 세 신하를 기리는 사당입니다. 하지만 정작 류방택 자신의 무덤에는 비석을 남기지 말라고 유언했습니다. 조금이라도 속죄하려는 충심의 마음이었던 것입니다.

여기서 제가 만든 천상열차분야지도 노래 가사를 소개하겠습니다.

## 천상열차분야지도

하늘이 열리고 태극이 춤추던 날,
해와 달 내려와 오악을 비추네.
삼족오 높이 날아 해 품에 깃들고,
두꺼비 높이 뛰어 달 속에 안겼네.
천상열차분야지도 — 고려충신의 한이여,
천상열차분야지도 — 조선태조의 꿈이여.
북에는 북두칠성 남에는 남두육성,
고구려 혼을 담아 천문을 새겼네.

천상열차분야지도 — 고려충신의 한이여,
천상열차분야지도 — 조선태조의 꿈이여.
청룡주작 비상하고 백호현무 포효하니,
천손이 나아갈 길 저 멀리 보이네.

여러분 눈에 순합니까? 노래는 제 네이버 블로그에서 확인할 수 있습니다. 한 번 들어보세요.

태조 이성계의 고민은 하나 더 있었을 것입니다. 나라의 이름을 무엇으로 할 것이냐 하는 것이지요. 고구려의 혼을 담은 고려라는 간판을 내리는 일이 쉽지만은 않았을 것입니다. 다행히 아득한 옛날 (고)조선이라는 나라가 있었다는 사실을 알고 이름을 조선으로 정했을 것입니다. 조선, 즉 '朝鮮'은 글자 그대로 아침이 아름다운 나라란 뜻입니다. 미국의 로웰이라는 천문학자는 조선말 우리나라에 왔다가 안갯속의 초가집들을 보고 조선이라는 말을 '조용한 아침의 나라', 영어로 'The Land of Morning Calm'으로 표현했습니다. 로웰이 미국에서 이 제목으로 책을 내면서 우리나라의 별명이 '조용한 아침의 나라'가 된 것입니다. 인도의 타고르는 우리나라를 '동방의 등불'이라고 했으니 혼돈이 없기를 바랍니다.

# 세종대왕

조선 시대에 축조된 경복궁 근정전 옥좌 뒤에는 그림 2-16에서 보는 일월오봉도 병풍이 있습니다. 한자로 쓰면 '日月五峰圖'이니 해와 달과 5개의 산봉우리라는 뜻입니다. 즉 '日月火水木金土', '陰陽五行' 우주를 상징하고 있는 병풍입니다. 천손의 통치자에게 딱 어울리지 않습니까.

조선 시대 세종대왕은 중국에서 입수된 천문학을 가지고 우리 하늘에서 일어나는 천문 현상을 정확히 예측할 수 없어 무척이나 가슴 아파하셨습니다. 이는 베이징 하늘에서 일어나는 현상을 기술한 천문학이 서울 하늘에서 맞을 리 없기 때문에 일어난 일이었습니다. '나도 일국의 제왕일

그림 2-16  경복궁 근정전 옥좌와 일월오봉도

진대 어떻게 내 나라 하늘에서 일어나는 일을 예측하지 못하나?' 같은 생각에서 비롯된 대왕의 고뇌는 곧 민족의 고뇌였던 것입니다.

실제로 세종대왕이 뙤약볕 아래 앉아 의관 정제하고 일식을 기다린 일이 있었습니다. 왕조 시대 달이 왕의 상징인 해를 가리는 것은 여러 가지 의미가 있었기 때문입니다. 그런데 예고됐던 일식이 15분가량 늦게 일어났습니다. 그러자 인자하기로 소문난 대왕이 천문관에게 태형을 내렸습니다. 곤장을 맞은 천문관의 고통보다 대왕의 심적 고통이 더 컸음은 쉽게 짐작할 수 있는 일입니다. 제 한국천문연구원장 시절 일식예보 보도 자료를 배포하고 하늘을 보면 일식이 안 일어날까 봐 굉장히 불안했었습니다. 일식이 안 일어나면 볼기맞는 것 아닌가 이런 생각이 들기도 합니다. 하지만 시간이 돼 정확하게 일어나는 일식을 지켜보면 정말 하늘이 신기하기만 했습니다!

동지 때마다 사신이 새해 관련 '하늘의 정보'를 중국으로부터 받아오

는 것이 못마땅했던 세종대왕은 이순지 등을 시켜 칠정산을 완성하기에
이릅니다. 이리하여 우리나라 고유의 책력 체제가 확보된 것인데 이는 한
글 창제 못지않은 대왕의 치적이라 아니 할 수 없습니다. 세종대왕의 가
장 큰 골칫거리는 중국 사신의 방문이었다고 전해집니다. 사신 일행이 경
복궁 안에 설치된 천문관측 기구를 보고, 감히 중국 천자나 할 수 있는 일
을 조선이라는 작은 나라에서 하고 있다며 시비를 걸어올까 귀찮았던 것
입니다. 그래서 중국 사신이 오면 그러한 기구들을 모두 숨겼다고 전해집
니다. 그림 2-17에서 보는 바와 같이 대덕연구단지에 있는 한국천문연구
원 본원 앞마당에는 세종대왕 시대 천체관측기구 간의대가 실물 크기로
복원돼 있습니다. 원래 간의대는 경복궁 북서쪽 구석에 있었던 것입니다.
저는 가끔 간의대에 올라가 세종대왕이 어디 서 계셨을까 생각해보기도
합니다.

그림 2-17  세종대왕 시대 천체관측기구 간의

조선 시대에 들어와 서운관은 관상감, '觀象監'으로 바뀝니다. 임금에게 하늘의 뜻을 직소한 관상감의 역할은 TV 연속극 〈해를 품은 달〉에 일부 소개된 바 있습니다. 그림 2-18은 조선 시대 경복궁 안 어디에 간의대와 관상감이 있었는지 보여주고 있습니다. 조선 시대 영의정이 서운관장이나 관상감장을 9번이나 겸직했다는 사실은 우리 민족의 하늘 전통에 대해 많은 내용을 시사하고 있습니다. 조선 시대 후반기에는 실학파 홍대용 같은 사람들의 천문학 연구결과가 남아 있습니다.

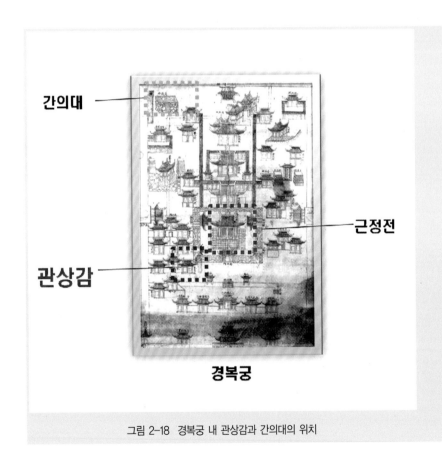

그림 2-18 경복궁 내 관상감과 간의대의 위치

# 근대 천문학의 시작

거듭 강조합니다만 우리 민족의 하늘을 숭앙하는 전통은 무서울 정도입니다. 천손이니 천문관측 또한 게을리했을 리가 없었습니다. 이러한 전통이 있었기에 국사에 기록된 사실만을 토대로 살펴보더라도 첨성대, 서운관, 관상감 등의 독립된 국립 천문기관들이 연연히 이어져 내려올 수 있었던 것입니다. 하지만 일제강점기에 이르러 국립 천문기관도 사라지게 됩니다. 우리나라의 근대 천문학이 사실상 자취를 감춘 것입니다. 이러한 황량한 모습은 해방 후에도 무려 30년이나 이어집니다.

마침내 1965년 한국천문학회가 창립돼 국립천문대 건립을 정부에 계속 건의하게 되고 그 결과 1974년에 이르러 국립천문대가 탄생합니다. 국립천문대는 1978년 소백산에 61cm 광학망원경을 갖춘 최초의 현대 천문대를 세워 다시 민족 천문학 전통을 이어가게 됐습니다. 일본의 국립천문대가 1888년에 세워진 것을 감안하면 우리 근대 천문학의 시작은 일본보다 100년 가까이 뒤진 것입니다. 당시 소백산천문대에 근무했던 천문학자들은 겨울에는 눈을 녹여 밥을 지어먹으며 고난의 나날을 보냈습니다. 덕분에 61cm 망원경은 이후 20여 년 동안 국내 최대 망원경으로서의 위상을 지켜가면서 커다란 업적을 남길 수 있게 됐습니다.

당시 천문학에 거의 관심이 없었던 국민을 생각하면 이는 기적 같은 일이었습니다. 1976년 대학에 입학한 나는 집이 어려워 중고생을 가르치는 아르바이트를 해야만 했습니다. 물어물어 찾아가 만난 학생 어머니가

"선생님은 어느 학교 다니세요?"

물으면 자랑스럽게

"예, S대 다닙니다."

그림 2-19  소백산천문대

하고 대답했습니다. 그러면 반드시

"어머, 그래요? 잘 됐다! 그런데 무슨 과에 다니시는데요?"

하고 질문이 이어졌습니다. 불길한 느낌을 가지고 떨리는 목소리로

"처, 천문학과 다닙니다."

하고 대답하면 학생 어머니의 눈초리가 몇 초 안에 싸늘하게 변했습니다. 그다음 내 귓전을 울리는 한마디.

"다시 연락드릴게요."

이런 경우 다시 연락이 온 적은 물론 단 한 번도 없습니다. 만일 물리학과에 다닌다고 했으면 아주머니는 틀림없이

"어머, 선생님 천재네! 언제부터 오실 수 있어요?"

정도가 아니었을까요. 적어도 그 당시는 그랬습니다. 그 점에 착안해 한번은 안 잘리려고

"예, 천체물리학과 다닙니다."

하고 답변했습니다. 그랬더니 학생 어머니가 진학 관련 책을 뒤적이며

"S대에 그런 과는 없는데요?"

하는 것이 아닙니까. 거의 취업사기범이 되고 만 것입니다. 이런 쓰린 추억들이 한두 가지가 아니었습니다. 이 당시만 해도 천문학자란 밤에 산 꼭대기에서 별에 미쳐 망원경이나 들여다보고 있는 괴짜들 정도로 인식 돼 있었던 것입니다. 사실 지금도 많은 사람이 그렇게 알고 있는데 이는 저희 천문학자들에게 치명타가 아닐 수 없습니다.

- 천문대 망원경 부품은 주로 어디에서 구하나?
- 우리나라 과학위성에 탑재되는 관측위성은 누가 주로 만들까?
- 우리나라의 국제 위성항법시스템
  (GPS, Global Positioning System) 기준점은 어디에 있나?
- 음력 생일의 양력 날짜를 확인할 수 있는 기관은?

위 질문에 대한 정답은 모두 한국천문연구원입니다. 사람들은 천문학 자들이 망원경에 매달려 밤에 별만 보는 것으로 잘못 알고 있습니다. 천 체망원경에 장착되는 부품들이나 보조관측장비들은 대부분 시장에서 구 할 수 없습니다. 필요한 것은 모두 스스로 만들어내야 해서 천문연구원 실험실은 여느 전자회사와 다를 바 없습니다. 심지어 관측위성까지 제작 하고 있는 것입니다. 천문연구원은 아시아에서 일본과 중국에도 없는 국 제 GPS 관측망의 데이터 센터를 유치하고 있습니다.

또한, 국가기관으로서 당연히 해야 할 일들, 천문현상 예보 및 책력 발표 등을 합니다. 즉 우리나라 달력은 천문연구원이 발표하는 월력요항에 의해 만들어지는 것입니다. 국립천문대가 처음으로 발간한 책력은 1976년에 나왔습니다. 책력의 중요성은 다시 설명할 필요가 없을 줄 믿습니다. 일제강점기 이후 우리나라는 1976년에 이르러서야 비로소 '나라다운 나라'가 됐던 것입니다. 마침내 1996년 그림 2-20에서 보는 보현산천문대가 세워졌습니다. 보현산천문대에는 그림 2-21에서 보는 바와 같이 현재 우리나라에서 가장 큰 지름 1.8m 광학망원경을 소장하고 있습니다.

그림 2-20
보현산천문대

그림 2-21
보현산천문대의 지름 1.8m 광학망원경

# 아마추어 천문학

아마추어 천문학자란 천문학을 전공하지 않았으면서도 개인적으로 우주에 강한 흥미를 느끼고 연구를 하는 사람들을 말합니다. 이들은 따로 모여서 별을 보러 가기도 하고 일반인들에게 무료로 별을 보여 주기도 하며 같이 공부도 합니다. 일반인이 우주에 관심이 깊어지면 아마추어 천문학자가 되는 수밖에 없습니다.

아마추어 천문학이란 일종의 선진국 레저 활동입니다. 여기서 '선진국' 레저 활동이라고 정의한 이유는 '먹고 살기 바쁜' 나라에서는 국민이 우주에 대해 관심을 둘 수가 없기 때문입니다. 그림 2-22는 로웰 천문대를 방문한 우리나라 아마추어 천문학자들이 준비해간 첨성대 사진을 펼치고 촬영한 기념사진입니다. 로웰은 앞에서 소개한 바와 같이 우리나라를 '조용한 아침의 나라' 라고 소개한 미국의 천문학자입니다. 현재 우리나라의 아마추어 천문학자들은 이 정도로 활발하게 움직이고 있습니다.

그림 2-22
로웰 천문대를 방문한
우리나라 아마추어
천문학자들

아마추어 천문학은 명쾌하게 정의되지 않습니다. 어떤 사람은 천체망원경을 가지고 있어야 아마추어 천문학자라고 생각하고, 어떤 사람은 그저 '밤과 별'이 좋거나 천체사진을 찍는 일이 재미있어서 아마추어 천문학을 합니다. 아마추어 천문학의 '아마추어'라는 말은 진지하지 못한 단순한 취미오락이라는 인상을 줍니다. 그러나 이는 사실이 아니고 아마추어 천문학은 나름대로 깊이가 있는 독립적인 학문입니다. 아마추어 천문학을 시작하려면 단체에 가입해 경험자들로부터 안내받는 것이 가장 무난합니다. 수많은 학교 · 지역 · 직장 동호회가 있고 대표단체로는 사단법인 한국아마추어천문학회가 있습니다. 한국아마추어천문학회는 1991년 제가 초대회장을 맡아 창립한 단체입니다. 그림 2-23은 당시 창립총회 기념사진입니다.

이렇게 조촐하게 시작된 한국아마추어천문학회는 현재 '대한민국 별 축제'와 '전국 학생 천체관측대회' 같은 전국행사를 주관하고 있습니다. 최근 서울 올림픽 공원에서 열린 대한민국 별 축제에 그림 2-24에서 보는 바와 같이 300대가 넘는 천체망원경이 참가한 장관을 연출하기도 했

그림 2-23
1991년 한국아마추어
천문학회 창립총회
기념사진

습니다. 천손의 후예가 어디 가겠습니까. 우리 국민의 하늘과 우주에 대한 관심은 날이 갈수록 더욱 높아지고 있습니다.

그림 2-24  대한민국 별 축제 서울 행사 광경

한국아마추어천문학회 사업 중 특히 눈길을 끄는 것은 천문 지도사 양성과정입니다. 기초부터 최상급까지 세 과정으로 나누어 연수를 시행하고 있는데 이미 수천 명의 회원이 수료했습니다. 이처럼 천문학은 다른 과학 분야와 달리 아마추어들의 활동이 매우 중요한 성격을 지니고 있습니다. 천문학자들과 아마추어 천문학자들은 2010년 공동으로 문안을 작성해 아래와 같은 '천문인의 길' 을 선언했습니다.

1. 우리는 참된 마음으로 하늘을 배운다.

1. 우리는 낮은 몸가짐으로 하늘을 가르친다.

1. 우리는 겨레의 얼을 이어 하늘을 우러른다.

그림 2-25  소백산천문대 첨성관에 새긴 '천문인의 길'

그림 2-25는 백두대간에 있는 소백산천문대 첨성관에 새겨진 이 선언문의 모습입니다.

# 천문강국! 대한민국!

거울의 지름이 큰 천체망원경일수록 더 먼 우주를 관측할 수 있다는 것은 상식입니다. 현재 거울의 지름이 8m 이상인 천체망원경 15대가 세계각지에 설치돼 우주를 관측하고 있습니다. 그림 2-21의 보현산천문대 1.8m 광학망원경은 크기만으로는 아마 세계 100등 정도 될 것입니다. 국력에 비해 이렇게 초라한 망원경을 가지고 있으니 우리의 전통을 생각하면 정말 조상을 뵐 낯이 없었습니다.

제가 한국천문연구원장 시절 25~30m 차세대망원경 사업에 뛰어들기를 결심했습니다. 이는 우리 천문학계의 숙원사업이었습니다. 마침 칠레 안데스 산맥에 라스 캄파나스 천문대를 가지고 있는 미국의 카네기 천문대가 주축이 돼 미국과 호주 사이에 '거대 마젤란 망원경', 즉 'GMT, Giant Magellan Telescope' 사업이 추진 중이었습니다. 그림 2-26은 지름이 8.4m인 통거울 7개로 이루어질 GMT의 모습입니다. 그림 아래 중앙에 서 있는 사람과 비교하면 망원경의 크기를 짐작할 수 있습니다.

이러한 규모의 망원경 건설은 예산규모나 운영 등 모든 면에서 한 나라가 감당할 수가 없어 국제적 협력이 필수조건입니다. 유럽도 현재 차세대 망원경 건설을 논의하고 있습니다. 특히 우리나라는 천문학적 입장에서는 최악의 계절풍 기후지대에 속하기 때문에 국내에 큰 망원경을 세우기가 어려운 실정이었습니다. 천문학을 위해서는 사막이나 고원 지역이

그림 2-26  거대 마젤란 망원경

최고입니다. 일본도 본토에는 1.8m 망원경까지만 배치했고 하와이에

8.2m 망원경을 가진 천문대를 운용하고 있습니다. 또한, 우리나라에서

보이지 않는 남반구의 하늘을 연구하기에도 안성맞춤입니다. 실제로 우

리 은하의 중심 부분이 천구의 남반구에 있기 때문에 천문학 연구에서는 천구의 남반구가 북반구보다 더 비중이 큽니다.

무엇보다도 저를 초조하게 만들었던 것은 GMT 같은 차세대 망원경 사업은 앞으로 적어도 20여 년간은 없을 것으로 보이기 때문이었습니다. 이번 기회를 놓치면 우리나라는 최소한 2050년까지 천문학 후진국으로 남게 됩니다. 이 경우 우리 후손들은 지구와 똑같은 행성을 찾는 일, 우리 해보다 수백억 배 무거운 블랙홀을 찾는 일, 수수께끼의 암흑물질과 암흑 에너지를 규명하는 일, 우주탄생의 비밀을 밝히는 일 등을 모두 동냥해야만 합니다.

한국천문연구원은 4~5년 좌절 끝에 청와대, 정부, 국회 등을 설득해 마침내 2009년 예산확보에 성공해 GMT 사업에 참여했습니다! 그동안 들어왔던 '천문학은 별 볼 일 없지 않느냐', '별을 보면 밥이 나오느냐 빵이 나오느냐', …… 가슴에 남아있던 쓰라린 추억들이 한순간에 다 날아간 것이었습니다. 여러분은 이해가 가십니까? 우리 역사에서 신라 시대에 첨성대를 세웠다면 대한민국 시대에는 GMT를 세우는 것입니다!

우리나라는 호주와 마찬가지로 총사업비 1조 원의 10%인 1천억 원을 10년간 투자하게 됐습니다. 한마디로 이 망원경의 우리 지분이 10%라는 말입니다. 단순히 재정적으로만 기여하는 것이 아닙니다. 최첨단 초정밀 기술을 획득하면 관련 산업 및 국방 분야에 파급효과가 클 것입니다. 무엇보다도 우주를 밝혀 나아가는 인류의 노력에 동참한다는 과학적 관점에서 사회적으로도 국민의 자긍심이 고취되고 국가의 위상이 자연스럽게 높아지게 됩니다. 이공계 기피현상을 바로잡고 해외 우수과학자 유치도 쉬워지는 것은 물론입니다. 이 덕분에 우리나라 천문학자들은 세계 어디를 가도 벌써 대접이 달라졌다는 것을 피부로 느끼고 있습니다.

이 GMT 망원경은 현재 미국 카네기 재단이 운영하고 있는 칠레, 안데스 산맥의 라스 캄파나스 천문대에 세워집니다. 그림 2-27은 라스 캄파나스 천문대의 모습입니다. 뒤 높은 봉우리가 바로 GMT가 들어설 곳입니다.

그림 2-27
라스 캄파나스
천문대의 모습

아시아에서는 현재 일본이나 중국도 차세대망원경 사업을 구체화하지 못하고 있습니다. 이리하여 제가 한국천문연구원장으로서 마지막으로 발표한 2011년 신년사에서 공식적으로 '천문강국! 대한민국!' 을 선언하기에 이르렀던 것입니다!

이것으로 하늘 전통 강의를 모두 마치겠습니다.
감사합니다.

# 세계 천문의 해 세종대왕님께

세종대왕님!

정작 펜을 드니 제가 대왕님을 감히 어떻게 불러야 할지 모르겠습니다. 그냥 대왕님으로 호칭하겠으니 용서해 주십시오.

대왕님께서는 중국에서 입수된 천문학을 가지고 우리 하늘에서 일어나는 천문현상을 정확히 예측할 수 없어 얼마나 가슴아파하셨습니까. '짐도 하늘이 내린 제왕일진대 어떻게 내 나라 하늘을 모를 수가 있단 말이냐' 하시며 늘 안타까워하셨지요. 인자하기로 소문난 대왕님께서 일식을 정확히 예고하지 못한 천문관에게 태형을 내리셨습니다.

대왕님의 그 고뇌를 '천문대장' 자리에 있는 제가 모를 리가 있겠습니까. 하지만 대왕님, 요즘은 수백 년 뒤에 일어날 일식도 초 단위로 예보할 수 있답니다. 제가 곤장을 맞을 가능성은 전혀 없어 정말 다행입니다. 현대 천문학이 정말 신기하지요?

대왕님은 이순지 등을 시켜 우리 책력 〈칠정산〉도 편찬하셨습니다. 하늘에 관한 일은 중국의 천자만이 관장할 수 있다는 사대주의적 고정관념을 통렬히 깨신 것이지요. 이를 이어받아 현재 저희 한국천문연구원(천문연)이 월력요항을 발표하고 있다는 사실이 너무도 자랑스럽습니다.

대왕님께서 그토록 어렵게 지켜내신 책력을 오늘날 아무런 법적근거도 없이 사용하고 있을 정도로 후손들은 아둔합니다. 예를 들면 양력을 사용하면서 음력을 병행하는 법적근거도 없지요. 새해에는 반드시 바로 잡도록 노력하겠습니다.

하지만 저희 후손들을 기특하게 여겨주셔야 할 이유도 꽤 많습니다. 세계의 수많은 국기 중 유일하게 '우주의 원리'를 바탕으로 태극기를 만들었고 개천절, 즉 '하늘이 열린 날'이라는 공휴일까지 가지고 있답니다. 애국가 가사에도 동해의 그 많은 물이 마르고 백두산의 그 많은 흙이 닳도록 하느님, 즉 하늘이 돌봐준다고 돼있습니다. 이 정도면 칭찬해 주실만하지요?

근정전 옥좌 뒤에는 봉우리가 5개인 산 위에 해와 달이 나란히 그려진 일월오봉도가 있지요. 태음(달), 태양(해), 5행성(수성, 금성, 화성, 목성, 토성)을 상징하는 그 그림은 곧 '음양오행' 우주를 묘사하고 있습니다. 조선 시대 임금이라는 자리는 우주, 즉 하늘이 내려주는 것임을 상징하고 있지요. 이 일월오봉도와 함께 대왕님 용안을 만 원짜리 지폐에 모셨습니다. 하루에도 몇 번씩 뵐 수 있어서 정말 좋습니다.

대왕님의 가장 큰 골칫거리는 중국사신의 방문이었습니다. 장영실 등이 만든 간의와 같은 천문관측 기구를 보고 시비를 걸어올까 귀찮으셨던 것이지요. 그래서 간의를 분해해서 모두 숨겨야 하는 수모도 겪으셨습니다. 대덕특구에 있는 저희 천문연 본원 앞마당에는 그 간의가 복원돼 있습니다. 저는 가끔 그곳에 올라가 대왕님이 어디 서서 별을 헤셨을까 생각합니다.

대왕님, 새해는 천문연의 전신이라 할 수 있는 서운관 창립 700주년이 되는 해입니다. 이것 때문은 아니지만 마침 세계의 모든 나라들이 새해를 세계 천문의 해로 정했답니다. 세계에서 가장 큰 천체망원경들 중 하나가 될 GMT(Giant Magellan Telescope) 건립사업에 새해부터 저희 천문연이 참여하게 됐음을 보고 드립니다!

요즘 우리나라는 물론 온 세계의 경제가 나쁩니다. 그럼에도 불구하고 어려운 나라 살림을 쪼개 오히려 기초과학에 투자하고 있는 슬기로운 후손들을 칭찬해주세요. 대왕님, GMT 한 번 보고 싶으시지요? 우주가 팽창한다, 블랙홀이라는 희한한 천체가 있다, 우리 우주인이 나왔다, 우리도 로켓을 쏘아 올린다… 이런 얘기를 들으시면 대왕님은 정말 좋아하실 분인데….

휴대폰으로 문자 메시지를 보낼 때마다 대왕님이 창제하신 한글의 우수성을 실감하고 있습니다. 대왕님, 드릴 말씀은 많지만 오늘은 여기서 펜을 놓아야 할 것 같습니다.

GMT가 준공되는 10년 뒤에는 대왕님께 전혀 부끄럽지 않은 천문학 선진국이 돼 있을 것입니다. 우주 시대를 앞서 나아가는 후손들의 모습을 지켜봐 주시기 바랍니다!

# 3

## 하늘 사상

"그래, 명심해라. 천·지·인은 완전히 독립적으로 만들어지지는 않는다. 즉 사람은 사람이면서 하늘이요 땅이란 것이다. 그러니까 사람은 하늘과 땅의 일부분인 것이다. 사람은 곧 하늘이며 사람이 하늘의 모습을 하고 있다고 해도 틀리지 않는다. 그래서 사람을 섬길 때 하늘처럼 섬겨야 한다. 즉 백성은 하늘이다. 알았느냐?" 〈개천기〉에서

안녕하세요.

한국천문연구원의 박석재입니다.

1강에서는 하늘 공부라는 이름 아래 해와 달과 별에 대한 기초지식을 정리했습니다. 2강에서는 하늘 전통이라는 이름 아래 우리 민족의 하늘에 대한 집념에 대해 알아봤습니다. 이번 3강에서는 1강과 2강 내용을 바탕으로 우리 민족의 하늘 사상에 대해 알아보도록 하겠습니다.

애국가 가사를 한 번 살펴볼까요.

**동해물과 백두산이 마르고 닳도록**
**하느님이 보우하사 우리나라 만세……**

동해의 그 많은 물이 마르고 백두산의 그 많은 흙이 닳도록 하늘이 우리를 돌봐준다는 뜻입니다. 얼마나 숭고합니까. 이번 하늘 사상 강의를 통해 여러분은 '천손사상'이 우리 민족의 공통사상임을 깨닫게 될 것입니다. 위대한 우리 민족의 선민사상을 말입니다!

# 오성취루

제가 학창시절 배운 국사 교과서에서 BC 2333년 단군왕검이 고조선을 건국한 후 고구려가 건국될 때까지는 '블랙홀'이었습니다. 따라서 만일 고조선 건국이 신화에 불과하다면 우리 역사는 2천 년밖에 안 되는 셈입니다. 일본보다도 역사가 짧아지는 것입니다. 사실이 그렇다면 할 수 없는 노릇입니다. 어느 누구도 역사를 조작해서는 안 되니까.

그런데 그 블랙홀 한복판에 위치한 천문현상에 대한 기록이 『환단고기』에서 발견됐습니다. 즉

戊辰五十年五星聚婁 **무진오십년오성취루**

같이 적혀 있는 기록이 발견된 것입니다. 여기서 '무진'은 BC 1733년을 말하고 '오십년'은 흘달 단군의 재위 50년을 의미하는 것으로 보입니다. '오성'은 물론 수성 · 금성 · 화성 · 목성 · 토성을 말합니다. '취'는 우리가 흔히 '취합한다' 할 때 '취'로 모인다, 집결한다는 뜻입니다. 마지막으로 '루'는 28수의 하나입니다. 즉 이 문장은 'BC 1733년 오성이 루라는 별 옆에 모였다.' 같이 해석이 됩니다.

이 기록을 처음으로 천문학적으로 검증해 본 사람은 라대일 박사와 박창범 박사입니다. 그림 3-1은 바로 그 라대일-박창범 논문 첫 페이지입니다. 당시 라 박사는 천문대(한국천문연구원의 전신) 박 박사는 서울대 소속이었습니다. 이후 라 박사는 요절했고 박 박사는 고등과학원으로 자리를 옮겼습니다. 이 논문은 1993년에 발행된 한국천문학회지 26권 135~139페이지에 실려 있습니다. 저는 두 후배 천문학자가 너무 자랑스

럽습니다. 특히 미국천문학회에서 만나 호텔방에서 밤을 지새우며 정열
적으로 얘기하던 라대일 박사의 모습을 잊을 수가 없습니다.

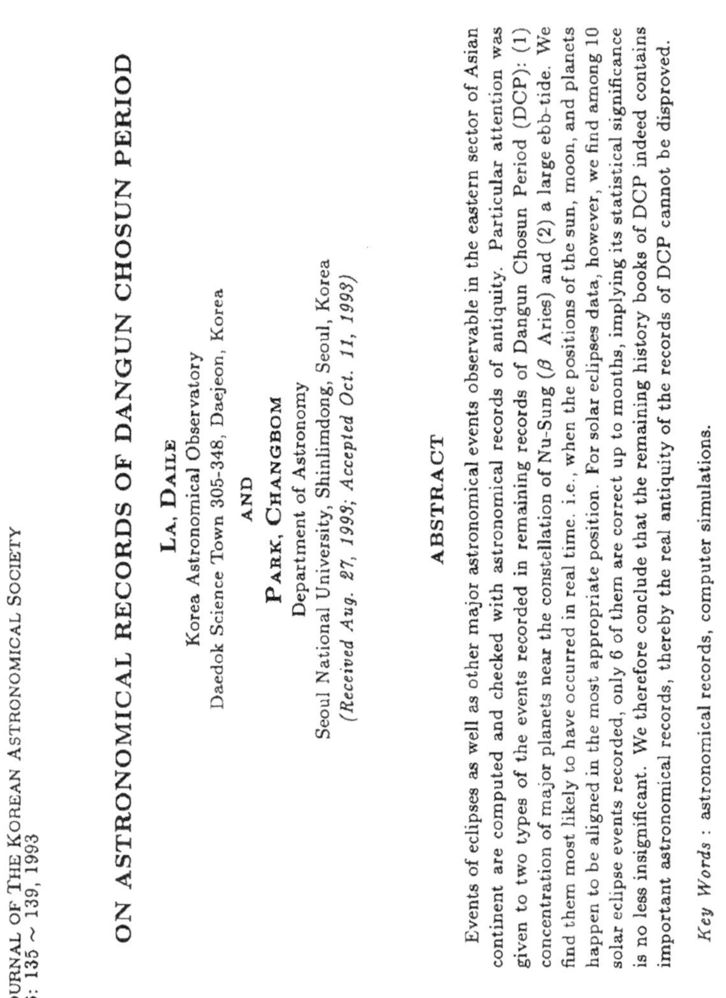

JOURNAL OF THE KOREAN ASTRONOMICAL SOCIETY
26: 135 ~ 139, 1993

# ON ASTRONOMICAL RECORDS OF DANGUN CHOSUN PERIOD

LA, DAILE

Korea Astronomical Observatory
Daedok Science Town 305-348, Daejeon, Korea

AND

PARK, CHANGBOM

Department of Astronomy
Seoul National University, Shinlimdong, Seoul, Korea

(Received Aug. 27, 1993; Accepted Oct. 11, 1993)

## ABSTRACT

Events of eclipses as well as other major astronomical events observable in the eastern sector of Asian continent are computed and checked with astronomical records of antiquity. Particular attention was given to two types of the events recorded in remaining records of Dangun Chosun Period (DCP): (1) concentration of major planets near the constellation of Nu-Sung ($\beta$ Aries) and (2) a large ebb-tide. We find them most likely to have occurred in real time. i.e., when the positions of the sun, moon, and planets happen to be aligned in the most appropriate position. For solar eclipses data, however, we find among 10 solar eclipse events recorded, only 6 of them are correct up to months, implying its statistical significance is no less insignificant. We therefore conclude that the remaining history books of DCP indeed contains important astronomical records, thereby the real antiquity of the records of DCP cannot be disproved.

Key Words : astronomical records, computer simulations.

그림 3-1  라대일-박창범 박사의 역사적 논문 첫 페이지

# 오성취루의 증명

 이 '오성취루' 기록을 천문학적으로 옳다는 것을 확인하는데 슈퍼컴퓨터 같은 대단한 장비가 필요한 것이 아닙니다. 그래서 저는 문방구에서 구입할 수 있는 국산 천문 소프트웨어를 돌려봤습니다. 저는 이 나라의 '천문대장'을 지낸 사람이라 가능하면 국산 소프트웨어나 국내촬영 천체 사진만을 인용합니다. 그 결과 BC 1734년 7월 12일 저녁 서쪽 하늘에는 그림 3-2에서 보는 바와 같이, 왼쪽에서부터 오른쪽으로, 화성·수성·토성·목성·금성 순서로 5행성이 늘어섰습니다. 여기에 달까지 끼어들어서 '우주쇼'를 연출했습니다. 그림 3-2에서 노란 선이 서쪽 지평선으로 현재 해는 막 진 상태입니다. 이 소프트웨어는 달의 모양까지는 지원하지 않기 때문에 초승달이어야 할 달의 모습이 보름달처럼 나와 있습니다. 그리고 천왕성은 어차피 맨눈으로 보이지 않기 때문에 없으나 마찬가지입니다.

 그림 3-2를 자세히 보면 -1733년으로 입력돼 있습니다만 실제로는 BC 1734년입니다. 왜냐하면, 이 소프트웨어는 AD에서 BC로 넘어갈 때 서기 0년이 있기 때문입니다. 하지만 이것을 소프트웨어의 결함이라고 말할 수는 없겠습니다. 왜냐하면, 원래 BC 현상을 위해서 만들어진 소프트웨어가 아니기 때문입니다. 설사 1년 오차가 있다 하더라도 이는 전혀 중요하지 않습니다. 왜냐하면, 그 당시 달력이 지금의 달력과 완전히 달랐기 때문입니다.
 루라는 별은 현재는 양자리 $\beta$성으로 알려져 있습니다만 소프트웨어를 돌려보면 일치하지 않습니다. 지구의 세차운동까지 고려해도 일치하지

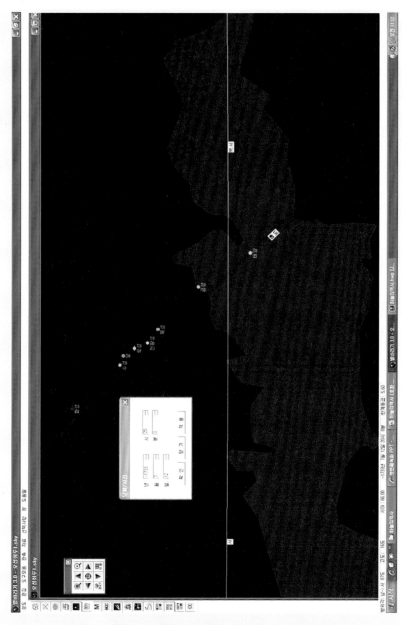

그림 3-2  천문 소프트웨어가 보여주는 BC 1734. 7. 12. 오성취루

않는 이유는 아마 그 당시의 28수, 즉 4천 년 전의 28수가 지금 전해지는 28수와 달랐기 때문이 아닐까 생각합니다.

그림 3-2를 바탕으로 BC 1734년 7월 12일의 오성취루 상상도를 그림 3-3에 그려봤습니다. 위쪽부터 화성, 수성, 달, 토성, 목성, 금성의 순서로 황도를 따라 배열돼 있습니다. 아름답지 않습니까? 앞에서 공부한 바와 같이 달은 하루에 약 13도씩 동쪽으로 이동하기 때문에 하루 전인 7월 11일에는 금성 아래, 하루 후인 7월 13일에는 화성 위에 자리를 잡습니다.

그림 3-3  BC 1734. 7. 12. 오성취루 상상도

7월 11, 12, 13일을 벗어나면 달은 더 이상 오성취루에 참여하지 않습니다. 하지만 이 현상은 보름 이상 계속됐기 때문에 장마철이어서 비가 많이 왔어도 고조선의 감성관들이 놓쳤을 리 없습니다. 특히 제일 아래쪽에 있었던 행성이 가장 밝은 금성이었기 때문에 더욱 그러합니다. 만일 수성이었다면 '사성취루'로 기록됐을지도 모르는 일입니다.

오성취루가 일어난 이유는 행성들이 그림 3-4처럼 배치됐기 때문입니다. 흔히 지구를 포함해 수성부터 토성까지 한 줄로 늘어선 것으로 오해합니다. 오성취루는 그림 3-4에서 보는 바와 같이 지구는 다른 행성들과

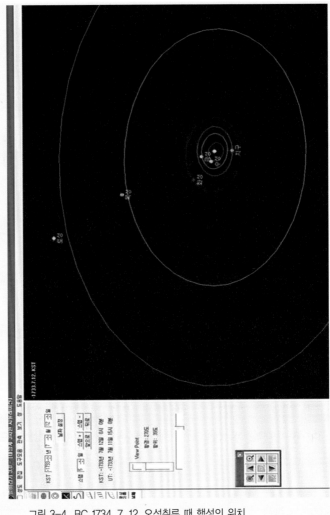

그림 3-4 BC 1734. 7. 12. 오성취루 때 행성의 위치

반대편에 있어야 가능한 것입니다. 상생방송의 3강 〈별을 말하다〉 편에서는 제가 화면에서 직접 소프트웨어를 돌려가며 오성취루를 설명했습니다. 꼭 참고하시기 바랍니다.

오성취루 같은 천문현상을 임의로 맞추거나 컴퓨터 없이 손으로 계산하는 일은 불가능합니다. 따라서 BC 1734년 우리 조상들은 천문현상을 기록으로 남길 수 있는 조직과 문화를 소유하고 있었음을 알 수 있습니다. 즉 천문대를 가진 고조선이라는 나라가 분명히 존재했었다는 사실이 증명된 것입니다! 이제 더 이상 고조선을 신화의 나라로 치부하는 일은 없어야 하겠습니다!

# 오성취루와 〈환단고기〉

라대일-박창범 박사는 컴퓨터를 돌려본 BC 2000년부터 BC 1450년까지 오성취루 비슷한 현상이 한 번 더, BC 1953년 2월 25일 새벽에 있었다고 했습니다. 그러니까 BC 1734년에 있었던 오성취루와 비슷한 현상이 219년 전에 있었다는 말이지요. 제가 소프트웨어를 돌려본 결과 BC 1953년 3월 3일 아침 7시 동녘 하늘에 그림 3-5와 같이 달과 오행성이 벌이는 우주쇼가 펼쳐졌음을 알 수 있었습니다! 이 '오성취루' 역시 어딘가에 기록이 남아있을 수 있습니다. 또한, 오성취루 이후 284년이 지나도록 또 하나의 '오성취루'가 없었다는 사실은 이 현상의 정확히 주기적으로 일어나는 것이 아니라는 것을 말해주고 있습니다. 오성취루 현상은 BC 1734년 이후로도 현재까지 10회 이상 되풀이됐다고 봐야 합니다. 더 이상의 기록은 없는지 우리 모두 찾아봐야 하겠습니다.

그림 3-5  BC 1953. 3. 3. 오성취루 상상도

오성취루 기록이 남아있는 〈환단고기〉는 한 권의 책이 아닙니다. 이 책은 1911년 계연수가 〈삼성기〉, 〈단군세기〉, 〈북부여기〉, 〈태백일사〉 4권의 책을 합해 편찬한 것으로 우리나라 상고사 및 고대 역사에 관한 내용을 담고 있습니다. 각 책의 제목은 한자로 '三聖紀', '檀君世紀', '北夫餘紀', '太白逸史' 같이 적습니다. 〈단군세기〉에 나오는 오성취루가 천문학적으로 검증됐다는 사실은 〈환단고기〉의 신뢰도를 더욱 높여준 것입니다.

최근 〈환단고기〉를 놓고 이를 신봉하는 사람들과 혐오하는 사람들로 나뉘어 극한대립을 하고 있는데 이는 정말 바람직하지 않습니다. 우리나라에는 무엇이든 흑백논리로 몰아가는 유행병이 번지고 있는 것 같습니다. 어느 경우든 〈환단고기〉를 단 한 번도 읽어보지 않은 채 부화뇌동하는 사람들이 많은 듯합니다.

옛날에는 복사기가 없었기 때문에 모든 것을 일일이 옮겨 적었습니다. 〈환단고기〉의 내용 중에는 후세 사람들이 옮겨 적으며 추가한 부분, 즉 가필된 부분도 분명히 있습니다. 예를 들면, 〈태백일사〉에는 배달국 시대 1년의 길이가 365일 5시간 48분 46초라는 사실을 이미 알고 있었다고 서술돼 있습니다. 이는 천문학을 모르는 사람이 우리 조상을 더욱 미화하기 위해 서툴게 가필한 결과입니다. 하지만 이렇게 극히 일부 가필됐다 해서 〈환단고기〉를 쓰레기 취급하는 일에는 동의할 수 없습니다. 과연 이 세상에 전혀 가필되지 않은 종교의 경전이나 역사서가 있었을까요? 아마 파피루스도 가필이 있을 것입니다. 왜 〈환단고기〉에만 그렇게 엄격한 잣대를 들이대는 것일까요? 과연 그 많은 내용을 한두 사람이 창작해낼 수 있었을까요? 언뜻 생각해봐도 〈환단고기〉 내용이 엉터리라고 말할 수는 없는 것 같습니다. 〈환단고기〉는 한국 사람이라면 일단 한 번은 읽어봐야 할 책입니다. 다른 나라는 없는 역사도 만들어내며 혹세무민하고 있지 않습니까?

〈환단고기〉에 의하면 우리나라 상고사는 셋으로 나뉩니다.

1. 환국 : BC 7197년부터 BC 3897년까지 3,301년간 7명의 환인 이 다스린 나라

2. 배달국 : BC 3897년부터 BC 2333년까지 1,565년간 18명의 환 웅이 다스린 나라

3. 고조선 : BC 2333년부터 BC 238년까지 2,096년간 47명의 단 군이 다스린 나라

'환단고기'는 한자로 '桓檀古記', 즉 '桓因', '桓雄', '檀君'의 옛 기록이라는 뜻입니다. 〈삼성기〉의 '三聖' 또한 환인, 환웅, 단군을 말합니다. 환인, 환웅, 단군의 시대를 삼성조 시대라고도 합니다. 고조선도 신화라고 배운 사람들에게는 참으로 충격적인 내용이 아닐 수 없습니다. 앞에서 저는 오성취루를 근거로 고조선은 신화가 아니라 역사라고 잘라 말했습니다. 그래서 고조선 직전의 배달국도 역사일 가능성이 높다고 생각합니다. 여러 가지 전해지는 기록과 증거들이 이를 뒷받침합니다.

하지만 환국의 역사는 왠지 신화처럼 느껴집니다. 무엇보다도 안파견, 혁서, 고시리, 주우양, 석제임, 구을리, 지위리 7명의 환인이 3,301년간 환국을 다스렸다는 내용을 글자 그대로 믿기가 어렵습니다. 그러면 환인 한 사람이 거의 5백 년을 다스렸단 말입니까? 어쩌면 환인 한 사람이 한 나라를 의미하는 것은 아닌지 모르겠습니다.


# 환인과 환웅과 단군


〈환단고기〉의 〈단군세기〉를 보면 단군이 아사달에 고조선을 건국한 날이 음력 10월 3일로 기록돼 있습니다. 즉 '개천 1565년 10월 3일에 이르러 신인 왕검이란 사람이 있어…… 임금으로 추대해 단군왕검이라 했다' 같이 적혀 있는 것을 근거로 한 것입니다. 제가 과문한 탓인지 모르지만, 개천절이 음력 10월 3일로 정해진 문헌적 근거는 이것밖에 없는 것으로 압니다.

개천절은 1900년 대종교에서 정한 기념일이었지만 상해임시정부가 수립되던 1919년 공식적인 국경일로 정해졌습니다. 즉 일제강점기 초기만 해도 〈환단고기〉를 역사서로 받아들였다는 사실을 깨닫게 됩니다. 위 기록에서 '개천 1565년' 이라는 말에 주목해야 합니다. 왕검이라는 첫 단군이 아사달에 고조선을 개국한 것이 아니라 그보다 1,565년 전에 거발환이라는 첫 환웅이 신시에 배달국을 세운 것이 '개천' 이라는 사실입니다. 즉 '진짜 개천' 은 분명히 BC (1565 + 2333 − 1 =) 3897년에 있었습니다. 우리 후손들이 '진짜 개천' 을 기념하지 않기 때문에 배달국의 역사 1,565년을 우리 국사에서 잃어버리고 있는 것입니다. 개천절은 인정하면서 배달국을 인정하지 않는 것은 모순이라 하겠습니다.

광복 후 대한민국 정부에서 1949년 개천절을 양력 10월 3일로 정해 오늘에 이르고 있습니다. 이때는 정부가 음력을 버리려고 했던 시기여서 그 불똥이 개천절까지 튀었던 것입니다. 이후로도 정부가 여러 차례 음력을 버리려고 시도했었는데 저는 도대체 그 이유를 지금도 모르겠습니다. 일본과 서양 국가들이 음력을 안 쓰고 있다는 것 말고는……. 음력은 국민의 저항으로 없애지 못했습니다. 그도 그럴 것이, 아직도 많은 사람이 음력으로 생일을 쇠고 있지 않습니까. 음력이 사라지지 않은 것은 천만다행입니다. 재미교포도 아니면서 말할 때마다 영어를 섞어 쓰고 한국 사람이라는 특징이 없어져야 세계화에 기여할 수 있다고 착각하고 사는 사람들을 보면 이때 음력을 없애려던 사람들이 생각납니다.

그런데 기가 막힌 것은 음력을 없애려고 시도한 일 같은 것들이 모두 법적 근거도 없이 진행됐다는 사실입니다. 고종황제가 1895년에 내린 양력 채택 칙령이 우리나라의 마지막 천문법규였습니다. 이후 100년이 넘도록 법규가 없었던 것입니다. 실제로 2006년 음력 1월 일부 휴대폰에 설날이 양력 1월 29일이 아니라 30일로 잘못 표기된 적이 있었습니다. 2006년 음력 1월에 출생한 아이가 있는 집은 사주를 다시 점검해보기 바랍니다. 예를 들어, 양력 2월 10일은 음력 1월 13일이 옳은데도 불구하고 1월 12일로 잘못 알 수 있습니다. 다행히 잘못된 경우도 양력 2월 28일이 음력 2월 1일로 바로 잡히면서 문제는 사라졌습니다.

일부 휴대전화의 음력 날짜가 틀렸던 이유는 소수의 잘못된 전통 만세력을 이용해 입력했기 때문입니다. 소수 만세력이 틀렸던 가장 큰 이유는 우리가 동경 135도를 기준으로 현재 시각을 운용하기 때문입니다. 한마디로 현재 우리가 사용하는 시각이 옛날 자·축·인·묘…… 시각과 다르기 때문이라고 생각하면 됩니다. 우리나라에서 해는 정오가 아니라 대략 12시 30분에 정남 방향에 온다는 사실을 항상 잊지 말기 바랍니다. 이는 매우 중요한 지식입니다.

당시 한국천문연구원장으로 있던 저는 이를 중시하고 연말연시에 적극 홍보해 '사태'를 예방했습니다. 그러지 않았으면 최소한 휴대전화 회사 하나는 망했을 것입니다. 이런 일들을 계기로 저는 나라의 근본이 되는 천문 관련 법률을 만들고자 했습니다. 예를 들어 개인이 마음대로 달력을 만들어 배포해도 규제할 수 있는 법적 근거가 없었기 때문입니다. 우리 한국천문연구원의 노력은 결실이 있었습니다. 대한민국 국회에서 국회의원들이 '천문법'을 발의해 마침내 2010년 7월 2일 공포되기에 이르렀던 것입니다. 이제 음력을 없애는 일은 이 법을 수정하지 않고서는 불가능하게 됐습니다.

다시 〈환단고기〉 얘기로 돌아가겠습니다. 첫 환인 안파견이 환국을 세운 것은 BC (3301 + 1565 + 2333 − 2 =) 7197년 전이었습니다. 표 3-1을 참고하기 바랍니다. 첫 환웅 거발환이 배달국을 세운 BC 3897년에서 고조선이 건국된 BC 2333년을 빼면 1,564년이 나옵니다. 그런데 우리는 왜 배달국이 1,565년간 다스려졌다고 말할까요? 그 이유는 표에서 보듯이 개천 1년에 배달국이 시작돼 개천 1565년에 막을 내렸기 때문입니다. 마찬가지 논리로 첫 환인 안파견이 환국을 세운 BC 7197년에서 배달국이 건국된 BC 3897년을 빼면 3300년이 나옵니다. 이 역시 환국이 환기 1년에 시작돼 환기 3301년에 막을 내렸기 때문에 우리는 환국이 3,301년 간 다스려졌다고 표현하는 것입니다. 환기 3301년과 개천 1년은 같은 해

| 서기 | | 역사 | 환기 | 개천 | 단기 |
|---|---|---|---|---|---|
| BC | 7197 | 환국 건국 | 1 | | |
| | 7196 | | 2 | | |
| | 7195 | | 3 | | |
| | ... | ... | ... | | |
| | 3898 | | 3300 | | |
| | 3897 | 배달국 건국 | 3301 | 1 | |
| | 3896 | | 3302 | 2 | |
| | 3895 | | 3303 | 3 | |
| | ... | ... | ... | ... | |
| | 2334 | | 4864 | 1564 | |
| | 2333 | 고조선 건국 | 4865 | 1565 | 1 |
| | 2332 | | 4866 | 1566 | 2 |
| | 2331 | | 4867 | 1567 | 3 |
| | ... | | ... | ... | ... |
| AD | 2 | | 7196 | 3896 | 2332 |
| | 1 | ... | 7197 | 3897 | 2333 |
| | 1 | | 7198 | 3898 | 2334 |
| | 2 | | 7199 | 3899 | 2335 |
| | ... | | ... | ... | ... |
| | 2012 | | 9209 | 5909 | 4345 |
| | 2013 | 현재 | 9210 | 5910 | 4346 |

표 3-1 환기와 개천과 단기 연호

로서 중복됩니다. 마찬가지로 개천 1565년과 단기 1년은 같은 해로서 중복됩니다. 그리고 AD 1년에서 BC 1년으로 넘어갈 때에 BC 0년(또는 AD 0년)이 없습니다. 따라서 서기 2013년은 단기 (2333 + 2013 =) 4346년, 개천 (1565 + 2333 + 2013 − 1 =) 5910년, 환기 (3301 + 1565 + 2333 + 2013 − 2 =) 9210년이 되는 것입니다.

# 선민사상의 뿌리 배달국

〈환단고기〉에 나와 있는 배달국 건국 과정을 정리하면 다음과 같습니다.

……환국의 마지막 지위리 환인 때 인구는 불어나고 산물은 적어서 사람들은 생활하기가 어려워졌다. 거발환 환웅이 이를 알고 환국에서 내려가 지상에 광명세계를 열고자 지위리 환인에게 주청했다. 그러자 환인은 천부인과 무리 3천을 줬다. 거발환 환웅은 풍백·우사·운사 세 신하와 3천 명의 무리를 거느리고 백두산 신단수로 내려왔다. 신단수는 '밝은 땅의 나무' 또는 '최초의 땅의 나무' 같은 의미를 가지므로 우리는 박달나무라고도 부른다. '박달'에서 '배달'이라는 말도 비롯됐으니 '밝은 땅'이란 뜻이다. 환웅처럼 반고도 공공·유소·유묘·유수라는 신하를 데리고 삼위산에 나라를 세웠다. 이런 식으로 환국은 우리 배달국뿐 아니라 모든 나라의 원류가 됐다…….

이것이 〈환단고기〉가 기술한 개천, 즉 '開天', '하늘이 열린 날'의 모습입니다. 여기서 우리는 '천부인'에 주목해야 합니다. 천부인은 한자로

'天符印' 같이 적는데 우리가 환국의 적통, 즉 배달국이 장자국이라는 징표입니다. 환국이 기록에 남아 있는 아시아권의 최초 국가임은 틀림없습니다. 환단고기는 오환건국최고, 한자로 '吾桓建國最古', 즉 '우리 환족이 세운 나라가 가장 오래 됐다' 이렇게 시작합니다. 그런데 천부인까지 받은 이상 환국을 꼭 우리 한국만의 시원이라고 주장할 필요는 없어 보입니다. 환국에서 내려와 태백산에 환웅이 건국한 나라가 오늘날 한국이 됐고 삼위산에 반고가 건국한 나라가 중국이 됐다. 이런 식으로 해석해도 상관없지 않겠습니까. 왜 환인이 반고에게는 천부인을 주지 않았을까요. 이것이 제가 '선민사상'이라는 어휘를 사용하는 근거의 하나입니다. 〈환단고기〉가 기술한 배달국 건국 과정을 조금 더 알아보겠습니다.

……거발환 천황이 백두산에 처음 내려왔을 때 원주민으로 호랑이 부족과 곰 부족이 있었다. 이들은 배달국의 백성이 되기를 간청했다. 이에 천황은 그들에게 햇빛을 보지 말고 수양을 닦으면 받아들이겠노라 말했다. 두 부족은 천황이 준 신령한 쑥과 달래를 먹으며 수양을 했다. 하지만 호랑이 부족은 참지 못하고 중간에 뛰쳐나갔고 곰 부족은 고통을 이겨냈다. 천황은 곰 부족의 여왕을 황후로 맞이했다…….

거발환 환웅을 따라 내려온 무리 천손, 즉 '天孫'이 호랑이 부족, 곰 부족과 같은 지손, 즉 '地孫'을 만나는 장면입니다. 천손의 당당함으로부터 우리 민족의 선민사상을 느낄 수 있을 것입니다. 이후 곰 부족을 받아들이는, 즉 지손을 천손으로 교화하는 과정까지 감동적입니다.

이것이야말로 세상을 널리 이롭게 하라는 배달국의 건국이념 '홍익', 한자로 '弘益' 사상입니다. 즉 '우리는 누구인가?' 질문에 대한 답변은

'우리는 천손이다' 이지만 '우리는 어떻게 살아야 하는가?' 질문에 대한 답변은 '세상을 널리 이롭게 해야 한다' 가 정답인 것입니다.

곰 부족과 호랑이 부족 얘기는 나중에 일본의 역사 왜곡에 의해 곰 한 마리와 호랑이 한 마리 얘기로 바뀌게 됩니다. 그리하여 고조선의 역사는 단군신화로 둔갑하고 우리는 곰의 자손이 된 것입니다. 참, 기가 막히지 않습니까. 이게 사실이라면 오늘날 신붓감들을 왜 외국에서 데려옵니까. 곰 한 마리씩 사서 쑥과 마늘을 열심히 먹이면 될 것을……

# 태호복희와 치우천황

〈환단고기〉의 〈삼성기〉에 의하면 배달국 18명 환웅에 관한 자료는 아래와 같습니다. 표 3-2는 제가 직접 정리한 것인데 기존의 다른 것들과 몇 년씩 차이가 있는 부분도 있습니다. 하지만 〈삼성기〉 자료에 기반을 둔 것이라면 이 표가 정확하다고 확신합니다.

표-1을 보면 2대 거불리 환웅은 102세에 승하했는데 재위 기간이 86년으로 기록돼 있습니다. 그래서 저는 〈개천기〉에서 거불리 환웅이 16세에 등극한 것으로 기술할 수밖에 없었습니다. 표-1에 의하면 7대 거연 환웅과 11대 거야발 환웅만이 나이 50이 넘어 등극했습니다. 배달국 시대에는 환웅의 수명이 길어 꼭 장자에게 보위를 넘겨줄 수는 없었을 것으로 추정됩니다.

태호복희는 중국에서 삼황오제의 으뜸으로 거의 신이나 다름없이 숭배를 받고 있습니다. 태호복희의 묘소가 여러 지역에 있어 서로 자기네가 진짜라고 주장하고 있다고 합니다. 하지만 출생지는 뚜렷하지 않다고 하

는데 〈환단고기〉에는 배달국 5대 태우의 환웅의 막내아들이라고 정확히
기술하고 있습니다. 그러니까 태호복희는 약 5,500년 전 배달국 사람이
었던 것입니다! 그런데 태호복희는 태극기를 만든 사람이니 이 말은 우리
태극기가 5,500년 됐다는 말과 똑같습니다! 세계 어떤 나라가 5천 년이
더 된 국기를 가지고 있나요?

| | 환웅 | 재위 | 재위기간 (BC) | 수명 |
|---|---|---|---|---|
| 1 | 거발환 | 94 | 3897 ~ 3804 | 120 |
| 2 | 거불리 | 86 | 3804 ~ 3718 | 102 |
| 3 | 우야고 | 99 | 3718 ~ 3619 | 135 |
| 4 | 모사라 | 107 | 3619 ~ 3512 | 129 |
| 5 | 태우의 | 93 | 3512 ~ 3419 | 115 |
| 6 | 다의발 | 98 | 3419 ~ 3321 | 110 |
| 7 | 거 연 | 81 | 3321 ~ 3240 | 140 |
| 8 | 안부련 | 73 | 3240 ~ 3167 | 94 |
| 9 | 양 운 | 96 | 3167 ~ 3071 | 139 |
| 10 | 갈 고 | 100 | 3071 ~ 2971 | 125 |
| 11 | 거야발 | 92 | 2971 ~ 2879 | 149 |
| 12 | 주무신 | 105 | 2879 ~ 2774 | 123 |
| 13 | 사와라 | 67 | 2774 ~ 2707 | 100 |
| 14 | 자오지 | 109 | 2707 ~ 2598 | 151 |
| 15 | 치액특 | 89 | 2598 ~ 2509 | 118 |
| 16 | 축다리 | 56 | 2509 ~ 2453 | 99 |
| 17 | 혁다세 | 72 | 2453 ~ 2381 | 97 |
| 18 | 거불단 | 48 | 2381 ~ 2333 | 82 |
| | | 1,565 | | |

표 3-2 배달국 18명의 환웅

그림 3-6은 태호복희와 여동생 여와의 그림입니다. 그림을 자세히 보면 뱀의 꼬리를 가진 두 사람이 별들을 바탕으로 잣대를 들고 우주를 창조하고 있습니다. 부부관계인 두 남매는 중국 같은 나라에서는 거의 신적인 대접을 받고 있다고 합니다. 태호복희가 만든 환역은 중국 주역의 바탕이 됩니다. 즉 태호복희 때문에 우리가 오늘날 새해 토정비결을 보고 결혼할 때 궁합을 보게 된 것입니다. 그는 천문에도 밝아 달력인 '환력'

그림 3-6
태호복희와 여와

을 만들었고 이를 바탕으로 24절기를 만든 것으로 알려져 있습니다. 환역과 환력은 헷갈리지만, 한자로 쓰면 각각 '桓易', '桓曆'으로 분명히 구분됩니다.

배달국의 영웅으로 태호복희 이외에도 치우천황이 있습니다. 국가대표 축구 응원단 '붉은 악마'로 유명한 치우천황은 배달국의 14대 자오지 환웅입니다. 치우천황은 백두산 신시에 있던 배달국 수도를 서토를 정벌하기 위해서 청구로 옮겼던 위대한 민족영웅입니다. 그동안 중국은 치우천황을 오랑캐 취급하다가 최근 들어 갑자기 자기들 조상으로 편입시키려 하고 있습니다. 국민이 음력을 지켜낸 것처럼 국가대표 축구 응원단 '붉은 악마'가 배달국의 혼을 지켜내고 있습니다. 그림 3-7은 붉은 악마로 잘 알려진 배달국의 14대 자오지 환웅, 일명 치우천황의 모습입니다. 〈환단고기〉에는 동두철액, 즉 '銅頭鐵額' 구리로 된 투구를 쓰고 철로 된 갑옷을 입었던 것으로 자세히 묘사돼 있습니다. 아마 그래서 모습이 도깨비처럼 그려지는 것 같습니다.

그림 3-7
붉은 악마의 상징 치우천황

# 음양오행 우주와 태극기

태호복희의 우주는 음과 양, 두 가지 기운으로 만들어집니다. 양효는
긴 것

———

음효는 가운데 흰 부분이 있어 마치 둘로 나뉜 것입니다.

——  ——

양효는 밝음, 해, 남자 등을 의미하고 음효는 어둠, 달, 여자 등을 의미
합니다. 효들을 2개씩 포개놓는 경우는

⚌  ⚏  ⚎  ⚍

4가지가 있습니다. 즉 음과 양이 분화돼 음음 · 양음 · 음양 · 양양이 되
는 과정입니다.

첫 번째 양효-양효

⚌

는 양의 기운이 넘쳐 '태양'이라고 합니다. 음효-음효

⚏

는 음의 기운이 넘쳐 '태음'이라고 합니다. 양효-음효

⚎

는 '소양'이라고 합니다. 마지막으로 3번째 음효-양효

⚍

는 '소음'이라 합니다. 이 4괘로부터 아래 그림처럼 음음음 · 양음
음 · 음양음 · 양양음 · 음음양 · 양음양 · 음양양 · 양양양 팔괘가 만들어
집니다.

표 3-3 팔괘의 생성

따라서 팔괘의 순서는 아래와 같아야 합니다.

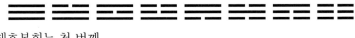

태호복희는 첫 번째

괘를 '일건천', 한자로 '一乾天' 이라 불렀습니다. 즉 첫 번째 '건' 괘로서 하늘을 상징합니다. 다른 것은 몰라도 양효가 3개나 모인 이 건괘는 하늘이 될 수밖에 없었을 것입니다. 두 번째

괘를 '이태택', 한자로 '二兌澤' 이라 불렀습니다. 즉 두 번째 '태' 괘는 연못을 상징합니다. 세 번째

괘를 '삼리화', 한자로 '三離火' 라 불렀습니다. 즉 세 번째 '리' 괘는 불을 상징합니다. 네 번째

괘를 '사진뢰', 한자로 '四震雷' 라 불렀습니다. 즉 네 번째 '진' 괘는 벼락을 상징합니다. 다섯 번째

괘를 '오손풍', 한자로 '五巽風'이라 불렀습니다. 즉 다섯 번째 '손' 괘는 바람을 상징합니다. 여섯 번째

☵

괘를 '육감수', 한자로 '六坎水'라 불렀습니다. 즉 여섯 번째 '감' 괘는 물을 상징합니다. 일곱 번째

☶

괘를 '칠간산', 한자로 '七艮山'이라 불렀습니다. 즉 일곱 번째 '간' 괘는 산을 상징합니다. 마지막으로 여덟 번째

☷

괘를 '팔곤지', 한자로 '八坤地'라 불렀습니다. 즉 여덟 번째 '곤' 괘는 땅을 상징합니다. 다른 것은 몰라도 음효가 3개나 모인 이 곤괘는 땅이 될 수밖에 없었을 것입니다. 제가 어렸을 때 어르신들이 '일건천 – 이태택 – 삼리화 – 사진뢰 – 오손풍 – 육감수 – 칠간산 – 팔곤지' 하면서 장단에 맞춰 읊조리던 일들이 기억납니다. 표 3-3의 팔괘의 이름은 각각 '건-태-리-진-손-감-간-곤' 같이 정리됩니다. 아이들이 '곤지곤지' 하며 노는 것 등도 모두 이와 팔괘와 관련이 있어 보입니다. 다시 정리하면 팔괘는 표 3-4와 같이 됩니다.

태호복희의 천재성은 팔괘를 그림 3-8처럼 원형으로 배치한 것에서 찾을 수 있습니다. 그림 3-8에서 일건천의 왼쪽으로 이태택 – 삼리화 – 사진뢰 순으로 내려옵니다. 그다음 다시 위로 올라가서 일건천의 오른쪽으로 오손풍 – 육감수 – 칠간산 순으로 내려와 맨 아래에는 팔곤지가 배치됩니다.

| 순서 | 괘 | 한글 | 한자 |
|:---:|:---:|:---:|:---:|
| 1 | ☰ | 건 | 乾 |
| 2 | ☱ | 태 | 兌 |
| 3 | ☲ | 리 | 離 |
| 4 | ☳ | 진 | 震 |
| 5 | ☴ | 손 | 巽 |
| 6 | ☵ | 감 | 坎 |
| 7 | ☶ | 간 | 艮 |
| 8 | ☷ | 곤 | 坤 |

표 3-4  태호복희의 팔괘

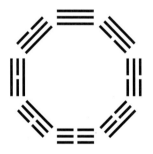

그림 3-8  태호복희의 팔괘 배치

일건천, 즉 하늘은 제일 위에 있어야 하고 팔곤지, 즉 땅은 제일 아래
에 있어야 합니다. 팔괘도에서 위는 남쪽 방향, 아래는 북쪽 방향, 왼쪽은

동쪽 방향, 오른쪽은 서쪽 방향을 가리킨다고 합니다. 칠간산, 즉 산이 북서쪽에 있는 것은 산악지대이기 때문이고, 이태택, 즉 강이 남동쪽에 있는 것은 바다가 있기 때문입니다. 삼리화, 즉 불이 동쪽에 있는 것은 해가 떠오르기 때문이고 육감수, 즉 물이 서쪽에 있는 것은 해가 동쪽에 있을 때 보름달이 서쪽에 있기 때문입니다. 사진뢰, 즉 벼락은 땅에서 올라온다고 믿었기 때문에 팔곤지 옆에 있고 오손풍, 바람은 하늘에서 불어 내려오기 때문에 일건천 옆에 자리를 잡았습니다. 산은 땅에 붙어 있으니 칠간산이 팔곤지 옆에 있는 것도 설명됩니다. 그림 3-8의 배치를 볼 때 태호복희가 팔괘를 만들 때에는 서토에 머물렀던 것 같습니다.

그림 3-8을 자세히 보면 동서남북 방향에는 하늘, 땅, 해, 달 같이 천문적인 것이 나타나고 그 사이사이에는 산, 강, 벼락, 바람 같은 지리적인 것이 자리를 잡습니다. 해와 달이 방향을 정하는 것은 당연한 것입니다. 무릇 '천문지리 무불통달', 한자로 '天文地理 無不通達'이란 바로 이 팔괘의 이치를 깨닫는 것을 의미합니다. 그림 3-8 중앙에 태극을 집어넣은 것이 그림 3-9와 같은 '팔괘태극'입니다. 붉은 악마 응원단이 휘두르는 깃발 중 하나가 바로 이것입니다.

그림 3-9  태호복희의 팔괘태극

고종황제의 어명을 받고 일본으로 가던 박영효 수신사는 바로 이 팔괘 태극을 대한제국의 국기로 사용하려고 했습니다. 태호복희는 대한제국 시절만 해도 생생하게 살아 있었음을 알 수 있습니다. 같이 가던 영국 선장이 '팔괘태극은 중국이나 일본에도 흔하다.' 충고를 듣고 박영효는 지리에 해당하는 사괘를 뺀 국기를 만들어 걸 게 됩니다. 이것이 바로 그림 3-10과 같이 현재의 태극기를 구성하고 있는 일건천 – 삼리화 – 육감수 – 팔곤지 사괘태극입니다.

그림 3-10  천문 사괘로 만들어진 오늘날 태극기

옛날 원은 무극, 그림 3-10 중앙의 태극은 하늘과 땅, 즉 음과 양을 의 미합니다. 그림 3-9 중앙의 삼태극은 하늘과 땅과 사람을, 즉 삼태극은 하늘과 땅과 사람, 즉 '天 · 地 · 人'이 동등하게 맞물려 있는 모습을 보여 줍니다. 한국 사람이면 이 정도의 내용은 다 알아야 합니다. 자기 나라 국 기도 설명을 못 하면 국민이라 할 수 있겠습니까? 여러분, 이제 우리 태 극기가 5,500년이나 됐다는 사실도 분명히 이해했지요?

# 상생과 상극의 우주

태호복희는 '水 → 木 → 火 → 土 → 金' 오행의 원리를 하도라는 그림으로 정리했습니다. 하도는 한자로 '河圖'라고 적는데 글자 그대로 오행의 흐름을 정리한 그림입니다. 하도는 난해하기 짝이 없습니다. 하도는 흑백 점들로 표시되기 때문에 그림 3-11에 바둑판으로 정리해봤습니다. 바둑판은 가로세로가 똑같이 19줄이어서 총 19 × 19 = 361집을 갖게 되는데 중앙의 '天元'이라는 점을 제외하면 모두 360집이 됩니다. 앞에서 360이라는 숫자는 '우주의 암호'라고 설명한 바 있습니다. 바둑은 음양오행에 기반을 둔, 우주를 형상화한 게임인 것입니다.

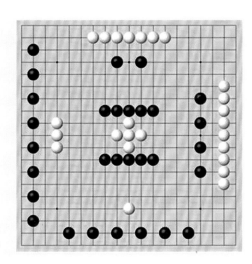

그림 3-11
태호복희의 하도

동양에서는 홀수를 천수, 즉 '하늘의 숫자'로 짝수를 지수, 즉 '땅의 숫자'로 여겼습니다. 그림 3-11을 잘 보면 천수는 흰 돌, 지수는 검은 돌로 표시돼 있음을 알 수 있습니다. 흰 돌들은 1 → 3 → 7 → 9 순서로 휘돌며 가운데에서 바깥쪽으로 나가는 형상을 이루고 있습니다. 마찬가지로 검은 돌들은 2 → 4 → 6 → 8 순서로 휘돌며 역시 가운데에서 바깥쪽으로 나가는 형상을 이루고 있습니다.

하도는 그림 3-12처럼 '水 → 木 → 火 → 土 → 金' 순서로 순환하게 됩니다. 첫 번째 '水 → 木'는 '水生木', 즉 물이 나무를 살린다는 뜻입니다. 마찬가지로 이하 '水生木', 즉 나무의 뿌리에 물이 있어야 자라고, '木生火', 즉 나무가 타야 불이 살며, '火生土', 즉 불에서 흙이 태어났다가, '土生金', 흙 속에 쇠가 있으며, '金生水', 쇠에서 물이 나오도록 상생합니다. 상생, 즉 '相生' 순환은 '수생목 → 목생화 → 화생토 → 토생금 → 금생수' 순서로 이루어지는 것입니다.

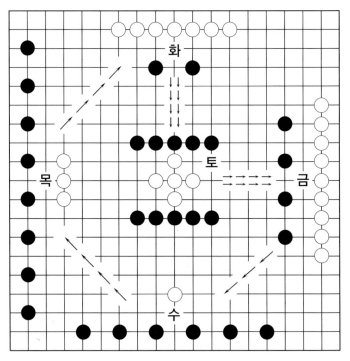

그림 3-12 하도의 원리

하지만 상생의 순서에서 하나씩 건너뛰게 되면 그림 3-13에서 보는 바와 같이 상극, '相剋'이 됩니다. 이처럼 태호복희의 '5원소'들은 상생과 상극의 상호작용까지 합니다. 단순히 자연을 구성하기만 하는 아리스토텔레스의 4원소에 비하면 훨씬 더 발전된 모습을 보여주고 있습니다. 하지만 학교에서는 왜 아리스토텔레스 4원소만 가르치고 있는지 답답하기 짝이 없습니다.

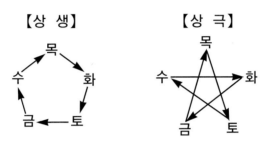

그림 3-13 오행의 상생과 상극

음양오행의 원리는 한국 사람이라면 원하든 원하지 아니하든 영향을 벗어날 수 없습니다. 당장 태어나면 부여받는 이름부터 살펴볼까요? 저는 밀양 박씨 숙민공파 69대손이고 이름은 박석재, 한자로 '朴碩在'입니다. 끝의 '在'자가 돌림자이어서 제 친형의 이름은 박철재, 한자로 '朴哲在'입니다. 돌림자란 음양오행의 '水 → 木 → 火 → 土 → 金' 순서로 정해지는 글자를 말합니다. 즉 제 이름 '在'자에는 '土'가 있기 때문에 제 선친의 이름에는 '火'자가 있어야 하고 제 자식의 이름에는 '金'이 있어야 합니다. 실제로 제 선친의 이름 '朴炳愚' 가운데 글자 '炳'에 '火'가 들어가 있습니다. 저는 아들이 없지만 제 조카의 이름 '朴鍾河'의 가운데 글자 '鍾'에 '金'이 있습니다. 한마디로 '炳生在', '在生鍾' 같이 저희 가

문이 이어지는 것입니다. 이처럼 이름조차 우주의 원리에 따라가고 있는
것이 우리 천손의 운명입니다.

# 천부경

　마지막으로 한자로 천부인과 비슷하게 '天符經'으로 적는 천부경 얘기
를 하겠습니다. 천부경은 환국 시대부터 구전돼 내려오다가 배달국 시대
에 들어서 최초로 기록된 민족의 경전입니다. 거발환 환웅 때 신지 혁덕
이라는 사람이 녹도문자로 기록했던 것입니다. 신지 혁덕이 어느 날 사냥
을 나갔다가 암사슴 한 마리를 놓쳤는데 추적 끝에 평평한 모래밭에 이르
러 발자국을 발견했다고 합니다. 고개를 숙이고 깊은 사색 끝에 '그래,
이런 식으로 글자를 만들면 되겠다.' 깨달아 만든 글자가 녹도문자였습
니다. 즉 녹도는 한자로 '鹿圖'라고 적는 것입니다. 신라 시대 최치원이
한자 81자로 정리한 것이 오늘날 전해지는 천부경입니다.

| | |
|---|---|
| 一始無始一析三極無 | 일시무시일석삼극무 |
| 盡本天一一地一二人 | 진본천일일지일이인 |
| 一三一積十鉅無櫃化 | 일삼일적십거무궤화 |
| 三天二三地二三人二 | 삼천이삼지이삼인이 |
| 三大三合六生七八九 | 삼대삼합육생칠팔구 |
| 運三四成環五七一妙 | 운삼사성환오칠일묘 |
| 衍萬往萬來用變不動 | 연만왕만래용변부동 |

本本心本太陽昂明人　**본본심본태양앙명인**
中天地一一終無終一　**중천지일일종무종일**

　총 81자의 글자 중 31자가 숫자인 이 경전은 난해하기 짝이 없습니다. 수없이 많은 해석이 있지만, 제각기 다 다릅니다. 최치원이 한자로 정리하기 이전 누군가 천부경을 녹도문자에서 한자로 바꿔 적었을 것입니다. 〈개천기〉의 천백 해달이 바로 갑골문자로 천부경을 정리하게 됩니다. 실제로 2002년 고려 시대 민안부의 문집 〈농은유집〉에서 그림 3-14와 같은 갑골문자로 그려진 천부경이 발견됐다고 언론에 공개된 바 있습니다. 이것도 〈환단고기〉와 마찬가지로 진위논쟁에 휩싸일지 모르지만 어쨌든 나는 그 갑골문자 모양을 〈개천기〉에서 인용했습니다.

그림 3-14
〈농은유집〉의 천부경

천부경은 우리 민족의 우주론입니다. 현대 천문학에서 '정상' 우주론 모델이 있습니다. 정상은 한자로 '定常'이라 쓰니 이 우주론 모델은 한마디로 시작도 끝도 없이 모양이 항상 같습니다. 물론 천부경과는 시간적으로나 공간적으로 엄청난 간격을 가지고 태어난 이론입니다만 그 철학은 '一始無始一 …… 一終無終一'과 통하는 것은 아닐까 생각이 듭니다. 아쉽게도 정상 우주론이 빅뱅 우주론에 밀려 현대 우주론의 표준 모델로 자리매김하지는 못했습니다만…….

TV 연속극 〈주몽〉에서 주몽이 천부경이 새겨진 거울을 발견하는 장면이 나옵니다. 이 장면은 고조선의 영토가 그려진 지도를 펼쳐보는 장면과 함께 저에게 강한 감동을 줬습니다. 이런 식으로 삼성조 시대 TV 연속극도 많이 만들어졌으면 좋겠습니다.


# 우리의 국혼 천손사상

이제 여러분 머릿속에서


**하늘 사상**
= 하늘을 숭앙하는 사상
= 개천사상
= 천손사상 (홍익사상)
= 천·지·인 사상 (사람을 자연의 일부로 보는 사상)
= 우리 민족의 선민사상

이렇게 정리됐습니까? 이것은 우리나라만의 고유사상입니다. 여러분, 예를 들어 미국에 하늘을 숭앙하는 사상이 있다는 말 들어본 적 있습니까? 당연히 아니지요. 같은 동양 문화권에 있는 우리 이웃 일본이나 중국도 이 정도는 아닙니다.

이 하늘 사상을 종교와 혼돈하지 않기 바랍니다. 이런 사상을 가진 채 교회·도장·사원·성당·절…… (가나다 순) 어디에 다닌들 무슨 상관이 있습니까? 밴쿠버 올림픽 TV 중계에서 성당에 다니는 김연아 선수가 성호를 긋고 출전하는 것을 봤습니다. 그런데 금메달이 확정된 순간 김연아 선수는 '하늘이 도왔어요!' 하는 것이었습니다. 김연아 선수도 역시 하늘 사상이 있는 우리 민족이었습니다.

전래종교보다 민족종교를 믿으시는 분들은 하늘 사상이 더욱 마음 편하게 느껴질 것입니다. 어떻게 보면 하늘 사상이 종교화된 것이 결국 민족종교이니까요. 민족종교 입장에서는 〈환단고기〉가 '구약'의 역할을 할 수밖에 없는 것입니다. 이것은 일종의 '홈 어드밴티지'라고 할 수 있겠습니다.

사상과 종교 중에서 우리나라의 국혼이 될 수 있는 것은 사상입니다. 종교가 없는 저는 종교로부터 자유로운 입장에서, 현실적으로 특정 종교가 우리 국혼이 되고 국교가 될 수는 없다고 잘라 말하고 싶습니다. 만일 그런 시도가 있다면 다른 종교들이 가만히 있지 않을 것입니다. 세상의 어느 나라가 국장을 치를 때 우리나라처럼 여러 가지 종교의식을 합니까. 다양한 종교가 뿌리를 내리고 있는 것이 우리나라의 현실이고 이를 받아들여야 합니다. 따라서 사상과 종교 중에서 종교가 우리나라의 국혼이 되는 것은 불가능하고, 사상 중에서 그 정도의 격을 갖춘 것은 하늘 사상뿐입니다.

여러분은 천손사상이 구체적으로 배달국에서 시작됐다는 사실도 깨달았습니까? 개천, 천부인, 천부경, 태호복희, 치우천황, ……등 이렇게 많은 증거가 있는데 어떻게 배달국이 신화일 수 있겠습니까? 더구나 중국 황하 문명 이전의 홍산 문명 유적지는 배달국과 깊은 관계가 있다는 사실이 점점 밝혀지고 있습니다. 배달국은 자랑스러운 우리 역사인 것입니다! TV 연속극 〈태왕사신기〉의 첫 부분에 묘사된 배달국은 실재했던 것입니다.

아직도 많은 국민이 우리의 천손사상에 대해 전혀 모르고 있습니다. 한마디로, 하늘의 자손이 하늘을 잊은 것입니다! 심지어 이 땅에 태어난 것을 축복받지 못한 일로 생각하는 젊은이들도 많다니 정말 가슴 아픈 일이 아닐 수 없습니다. 최근 우리나라가 다민족국가로 변해가는 과정이어서 우리 조상이나 민족을 거론하기가 점점 더 어색해지고 있습니다. 하지만 우리나라가 합중국은 아니지 않습니까. 세계화 시대 개방과 포용은 수용하더라도 정체성을 잃는 일은 없어야 합니다. 우리 민족의 일부가 외국에 나가 사는 일이 있다 하더라도 그들이 천손사상을 잃지 않도록 해야 한다는 말입니다. 엄연히 한국어가 있고 한국인이 있는 이상 민족에 대해 자부심과 긍지를 갖는 일은 매우 중요한 일이기 때문입니다.

다시 한 번 강조합니다만 우리는 천손입니다. 천손이 무엇입니까? 하늘의 뜻에 따라 살아가는 사람들입니다. 하늘의 뜻을 알아야 따를 것 아닙니까? 하늘의 뜻을 따르려면 공부해야 합니다. 그래서 보통 사람들보다 더 하늘의 섭리를 연구하고 실천에 옮기려고 노력하는 사람을 우리는 '선비'라고 부르며 추앙했습니다. 사극에서 가장 멋있는 사람이 누굽니까. 천문을 보고 천기를 누설하는 도인 아닙니까. '천벌'을 두려워하며 의로운 삶을 추구하다 보니 '가난한 선비'가 자연스럽게 우리 민족의 영원한 스타로 자리를 잡았습니다. 우리나라의 옛 그림에는 언제나 선비가 나옵니다. 그림에 나오는 낚시꾼은 단순한 어부가 아니라 세월을 낚는, 자연을 관조하는 선비입니다. 한국인이라면 누구나 귀거래 후 누리고 싶은 '선비다운 삶'이 그림에 담겨 있는 것입니다.

천부경, 하도, …… 궁금하십니까? 궁금하면 공부합시다. 남녀노소를 불문하고 공부보다 즐거운 일은 없습니다. 국민이 공부하면 나라의 문화 역량이 높아져서 세계를 이끌고 미래를 앞서 나아가게 됩니다. 그리하여 결국 나약한 젊은이, 방황하는 세대, 은퇴해 심심한 노인…… 등도 모두 사라질 것입니다. 제가 공부하는 대한민국을 주장하는 이유도 바로 여기에 있는 것입니다!

이것으로 하늘 사상 강의를 마치도록 하겠습니다.
감사합니다.

# 대한제국 고종 황제님 전상서

대한제국 고종 황제님!

정작 펜을 드니 제가 감히 어떻게 호칭을 해야 할지 모르겠습니다. 그냥 황제님으로 호칭하겠으니 용서해 주십시오.

일본에게 1910년 나라를 뺏긴 지 올해로 꼭 100년이 됩니다. 영화 '마지막 황제'를 보면서 황제님과 순종 황제님이 당하신 고통을 생각해 봤습니다. 기우는 나라를 바로 세우려고 몸부림치신 황제님의 마지막 시도들에 대해서도 다시 살펴보게 됐습니다.

황제님께서는 1897년 국호를 대한제국으로 선포하고 천단(환구단)에서 하늘에 제를 지내신 후 즉위하셨지요. 그 의미를 '천문대장' 일을 맡고 있는 제가 모를 리 있겠습니까. 황제님께서는 중국의 천자와 똑같이 환구단에서 하늘에 제를 지내 나라를 되살리고자 시도하셨던 것입니다.

세계에서 유일하게 우주를 상징하고 있는 국기인 태극기도 황제님의 지침에 따라 박영효 수신사가 그린 것이지요. 또한 '대한제국'이라는 나라의 이름은 어떻습니까. 최근 그 의미를 파헤친 소설들이 베스트셀러로 자리를 잡으며 우리 가슴을 울리고 있습니다. 황제님 덕분에 후손들은 '대한민국'이라는 훌륭한 이름을 가진 나라를 세울 수 있게 됐습니다.

어디 그뿐입니까. 우리가 당연한 듯이 사용하고 있는 책력의 관련법령도 황제님의 1895년 칙령이 마지막이었습니다. 이후 1백 년이 넘도록 전혀 다뤄지지 않아 양력에 음력을 병행하는 책력에 관한 법률이 현재 없습니다. 그러다보니 예를 들어 한국천문연구원은 국민에게 법적 근거가 있는 책력에 관한 증명·감정·자료도 제공하지 못하고 있습니다.

대한제국 고종 황제님!

제국의 부활을 위한 황제님의 눈물겨운 노력을 이 못난 후손들은 너무도 모르고 있습니다. 현재 서울시 한복판에 남아있는 환구단을 가보니 '황성옛터'가 따로 없었습니다. 담장도 없는 그 초라한 곳 구석에 세워진 안내문을 읽고 외국 관광객들이 무슨 생각을 할지 궁금합니다. 대한민국 국민들의 '하늘'에 대한 관심은 대한제국 백성들의 그것과 비교해 어림없지요. 정말 안타까운 일입니다.

이런 얘기를 하면 다민족국가 시대에 역행하는 국수주의적 주장으로 받아들이는 사람들도 있습니다. 글로벌 시대에 들어갈수록 우리의 정체성 확립이 더욱 중요하다는 사실을 모르는 사람들은 더욱 많습니다. 이제 TV 광고 끝마다 '본토 발음'을 다는 나라가 돼 걱정입니다.

하지만 좋은 일도 많이 있습니다. 작년 2009년은 UN이 정한 '세계 천문의 해'였지요. 저희 천문학자들은 국민들에게 '국학'으로서의 천문학을 알리려 최선을 다했습니다. 그 결과 많은 국민이 우주에 관심을 가지게 됐고 시민천문대도 많이 문을 열었습니다. 아마추어 천문가들의 숫자도 부쩍 늘어나 사단법인 한국아마추어천문학회는 마침내 16개 광역시·도 지부를 모두 갖추게 됐습니다.

항상 싸우는 것처럼 보이는 대한민국 국회에서도 여야 14명의 국회의원이 '천문법'을 상정해 본회의 통과만을 남겨놓고 있습니다. 이제 한국천문연구원은 법적 근거 아래 책력을 편찬하고 천문현상을 발표하며 천문정보 확산에 기여하는 '천문업무'를 수행할 수 있게 됐습니다. 우리 국회의원들은 작년 세계 천문의 해 지지결의안도 만장일치로 통과시켜준 바 있습니다.

황제님, 아무리 국격이 높아진다 한들 '국혼'이 뒷받침하지 않으면 무슨 소용이 있겠습니까. 그래야 '국운'도 따라주는 것이 아니겠습니까.

# 4

## 하늘 문화

"여러분이 부족한 내 자식 해달과 함께 꼭 해야 할 일들을 지금부터 말하겠습니다. 첫째, 우주의 원리를 더 공부해야 합니다. 그래서 백성들에게 가르쳐 줘야 합니다. 왜냐하면 우주의 원리를 알아야 사람이 사람답게 살 수 있기 때문입니다. 백성들이 사람답게 살 때 우리 배달국도 광명을 맞이할 수 있는 것입니다. 천문대의 가장 막중한 소임은 백성들에게 우주의 원리를 알리는 것입니다, 알겠습니까?"

〈개천기〉에서

안녕하세요.

한국천문연구원의 박석재입니다.

1강에서는 하늘 공부라는 이름 아래 해와 달과 별에 대한 기초지식을 정리했습니다. 2강에서는 하늘 전통이라는 이름 아래 우리 민족의 하늘에 대한 집념에 대해 알아봤습니다. 3강에서는 하늘 사상이라는 이름 아래 우리 민족의 천손사상에 대해 살펴봤습니다. 이번 4강에서는 1강, 2강, 3강 내용을 바탕으로 우리의 하늘 문화에 대해 알아보도록 하겠습니다.

뿌리 깊은 천손문화의 흔적을 우리 주위에서 찾아보고 천손의 후예로서 어떻게 살아가야 할까 생각해 보겠습니다. 아울러 국혼을 바로 세우려는 노력도 살펴보도록 하겠습니다. 비슷한 내용을 상생방송의 4강 〈천손을 말하다〉 편에서 자세히 다루었으니 참고하시기 바랍니다.

# 양력과 음력

원시인들이 해와 달을 연구하면서 책력이 등장하게 됐습니다. 지구가 해를 한 바퀴 공전하는 데 걸리는 시간이 한 해요, 달이 지구를 한 바퀴 공전하는 데 걸리는 시간이 한 달이 됐습니다. 따라서 한 해는 360일이요 한 달은 30일이 돼 1년은 12개월이 됐습니다.

옛날에는 한 해의 시작이 봄이었을 것입니다. 여러분도 알다시피 현재 양력의 1월 1일은 천문학적으로 아무 의미가 없는 날입니다. 겨울의 끄트머리에 있는 해와 달과는 아무런 상관도 없는 날입니다. 음력은 1월에 입춘이 있으니까 어느 정도 계절을 고려했다고 볼 수 있습니다. 이런 이유로 〈개천기〉에서는 배달국이 춘분에 시작하는 양력을 채택하다가 나중에 음력으로 바뀌게 됩니다.

태호복희는 24절기를 만든 것으로 알려져 있습니다. 표 4-1에서 보듯이 24절기는 양력에 기반을 둔 것입니다. 많은 분이 음력으로 잘못 알고 있습니다. 표 4-1을 보면 음력 1월에 입춘·우수가 있고, 음력 2월에 경칩·춘분이 있고, ……, 이런 식으로 돼 있습니다. 그야 당연하지요. 1년은 12개월이고 절기는 24개가 있으니까 1개월에 꼭 절기가 2개 들어가는 것이지요. 그런데 음력은 이것이 꼭 맞지 않습니다. 윤달이 있기 때문입니다. 윤달이 들어가면 뒤로 밀리게 되니까요. 하지만 양력은 반드시 맞습니다. 양력 3월을 예로 들면 반드시 경칩·춘분이 있습니다. 춘분은 언제나 3월 21일 근처입니다. 춘분이 3월 25일이 되거나 그런 일은 절대로 없습니다. 이제 24절기는 양력이라는 사실을 이해할 수 있을 것입니다.

어렵지만 정확하게 말씀드리면 24절기는 황도를 24등분해서 해가 한 구간을 지날 때마다 절기가 하나씩 바뀌도록 정한 것입니다. 그런데 24절기에는 표 4-1에서 보는 바와 같이 12절기가 있고 12중기가 있습니다. 그런데 양력과 음력의 한 달 길이가 달라서 묘하게도 중기가 없는 음력 달이 생기게 됩니다. 그달을 윤달로 처리하는 것입니다. 즉 윤달이란 24절기 중 12절기 중 하나만을 갖게 됩니다. 이 인류문화유산을 '무중치윤

법', 한자로 '無中置閏法' 같이 저는데, 즉 '중기가 없으면 윤달로 다스리는 법'이라는 뜻입니다. 그 원리를 상생방송의 2강 〈달을 말하다〉 편에서 자세히 설명했으니 참고하시기 바랍니다.

왜 양력과 음력의 한 달이 다를까. 그것은 물론 해와 달의 운행 때문입니다. 양력의 1년을 대략 366일로 본다면 양력의 1달은 366일 ÷ 12 = $30\frac{1}{2}$ 일입니다. 그래서 양력의 1년은 6개월은 30일, 6개월은 31일이라야 합니다. 보름달에서 다음 보름달까지 $29\frac{1}{2}$일 걸립니다. 1강에서 달의 지구 공전주기가 $27\frac{1}{3}$일이라고 설명한 적 있는데 이것과는 다른 개념입

| 절기 | 중기 | 현대 양력[물변] | 현대 음력[변화] |
|------|------|------------------|------------------|
| 입춘 | 우수 | 2월 | 1월 |
| 경칩 | 춘분 | 3월 | 2월 |
| 청명 | 곡우 | 4월 | 3월 |
| 입하 | 소만 | 5월 | 4월 |
| 망종 | 하지 | 6월 | 5월 |
| 소서 | 대서 | 7월 | 6월 |
| 입추 | 처서 | 8월 | 7월 |
| 백로 | 추분 | 9월 | 8월 |
| 한로 | 상강 | 10월 | 9월 |
| 입동 | 소설 | 11월 | 10월 |
| 대설 | 동지 | 12월 | 11월 |
| 소한 | 대한 | 1월 | 12월 |

표 4-1 24절기와 달력

니다. 달이 정확히 해의 반대편 위치에 있을 때 공전을 시작해 지구를 1회 공전하면 $27\frac{1}{3}$일 걸립니다. 하지만 그 사이 지구가 해를 30도가량 공전하기 때문에 달이 정확히 다시 해의 반대편으로 가려면 이틀 정도 더 걸리게 됩니다. 그래서 보름달에서 다음 보름달까지는 $29\frac{1}{2}$일이 걸리게 되는 것입니다. 이 내용도 상생방송의 2강 〈달을 말하다〉 편에서 자세히 설명했으니 참고하시기 바랍니다.

따라서 음력의 1년은 6개월은 29일, 6개월은 30일이라야 합니다. 따라서 음력의 1년은 $29\frac{1}{2}$일 × 12 = 354일밖에 되지 않습니다. 즉 양력의 1년과는 366 − 354 = 12일의 차이가 나게 되고 이 차이가 3년간 축적되면 거의 1개월이 되는 것입니다. 따라서 대략 3년에 1번씩 윤달을 집어넣으면서 양력과 음력을 맞춰가는 것입니다. 실제로 1년의 길이는 365일 5시간 48분 46초로서 딱 떨어지는 숫자가 아니고 그 밖에 여러 가지 다른 이유로 책력을 결정하는 일은 간단하지가 않습니다.

현재 세계적으로 통일해 사용하는 양력은 1582년 로마 교황 그레고리 13세가 정한 것으로 4년마다 윤년을 두되 400년에 3번은 빼는 것입니다. 즉 서기 연수가 4로 나누어떨어지면 2월이 29일까지 있는 윤년이 됩니다. 하지만 연수가 다시 100으로 나누어떨어지면 평년이 되고 다시 400으로 나누어떨어지면 윤년이 됩니다. 예를 들어 서기 1800년이나 1900년은 4로 나누어떨어지지만 동시에 100으로도 나누어떨어지므로 2월이 28일까지 있는 평년이 됩니다. 하지만 서기 2000년은 4, 100, 400으로 모두 나누어떨어지므로 2월이 29일까지 있는 윤년이 됩니다.

# 만 원 지폐

대표적인 '땅의 지도' 대동여지도는 김정호가 어떤 고생을 해 만들었는지 소상히 아는 반면 정작 대표적인 '하늘의 지도' 국보 228호 천상열차분야지도에 대해서는 국민이 거의 알지 못하는 같아 저는 무척 가슴이 아팠습니다. 하지만 2007년에 발행된 만 원 지폐에 천상열차분야지도가 들어가면서 이런 고민은 한 번에 날아갔습니다. 이는 정말 상서로운 일이 아닐 수 없습니다. 그림 4-1에서 보다시피 뒷면 왼쪽에는 국보 230호인 혼천의가, 오른쪽에는 그림 2-21의 보현산천문대 광학망원경이 소개돼 있고 바탕에 국보 228호 천상열차분야지도가 깔려 있습니다.

그림 4-1
만 원 지폐 뒷면

만 원 지폐 앞면에는 그림 4-2에서 보는 바와 같이 세종대왕과 일월오봉도가 들어가 있습니다. 일월오봉도는 그림 2-16에서 자세히 설명한 바 있습니다. 이리하여 우리나라는 해와 달이 들어간 지폐를 갖게 된 것입니다. 만 원 지폐는 부적이나 다름없습니다. 온 국민이 지갑에 해와 달을 담고 다니니 우리나라 앞으로 잘 될 것입니다.

그림 4-2
만 원 지폐 앞면

그림 4-3에 보는 바와 같이 뒷면 혼천의 톱니바퀴 부분을 자세히 보면 북두칠성이 있습니다. 자세히 보면 끝에서 두 번째 별이 2개임을 알 수 있습니다. 즉 조그만 별이 하나 붙어 있는데 이것은 도시에서는 절대로 볼 수 없습니다. 아무리 눈이 좋아도 깜깜한 시골에 가야만 볼 수 있는 것입니다. 몇 년 전 〈선덕여왕〉이란 TV 연속극이 있었지요. 그 연속극이 바로 북두칠성 끝에서 두 번째 별이 2개라는 사실을 이용해서 쌍둥이 공주를 등장시켰던 것입니다.

그림 4-3
만 원 지폐 뒷면의 북두칠성

만 원 지폐는 우주의 섭리를 따라 연구하며 살아온 우리 민족의 과거와 현재가 총망라된 '과학관 화폐' 입니다.

# 우리말과 우리글과 우리 것

저는 대중강연을 할 때 절대로 영어를 섞어 말하지 않습니다. 천문대장을 지낸 사람이 모국어로 우주를 설명하지 못하면 그 나라를 문화국가라고 할 수 있겠습니까. 외래어이기 때문에 할 수 없이 사용하거나 어휘로서 소개하는 경우 이외에는 절대로 영어를 섞지 않습니다. 하지만 이것도 무수한 연습 끝에 겨우 가능하게 됐습니다. 그리고 해, 달, 별, ……같은 말들이 살아 있는 덕분이기도 합니다. 그러나 저도 천문학을 전공하는 대학생들 수업에 들어가면 100% 우리말로 강의하지 못합니다.

"…… 이 인터스텔라(interstellar) 클라우드(cloud)는 옵티칼리(optically) 씩(thick)하고 싱크로트론(synchrotron) 복사가 도미넌트(dominant)해서 포톤(photon)들은 대부분 폴라라이즈(polarize) 돼 있습니다…… ."

이런 식으로 강의하게 되는데 이 경우에는 말 한마디도 더듬지 않습니다. 물론 이런 식으로 강의하는 것이 나중에 영어로 이야기할 때 도움은 될 것입니다. 그러나 교육을 위해서라면 절대로 이런 식으로 강의해서는 안 된다고 생각합니다. 비록 많은 한자어가 섞여 있다고 하더라도, 앞의 예 경우

"…… 이 성간 구름은 광학적으로 불투명하고 싱크로트론 복사가 주도해 대부분의 광자는 편광이 돼 있습니다…… ."

같이 최대한 우리말과 외래어로 바꿔 강의해야 한다고 믿습니다. 가르치는 사람은 다소 불편하더라도 스스로 연습해 최대한 우리말로 강의를 해야 한다고 생각합니다. 우리말로 강의하려면 100% 우리말로 하고 영어로 하려면 100% 영어로 해야지 '우리말에 영어 섞어 쓰기'를 하지 말

자는 뜻입니다. 이웃 나라인 일본과 중국의 경우 천문학의 모든 용어가 번역돼 있습니다. 하지만 우리나라 경우는 이런 식으로 영어 섞어 쓰기가 만연해 우리말 용어가 아예 없는 수가 많습니다.

이 문제는 비단 천문학 분야에만 국한되는 것이 아니라 모든 분야에 다 해당하고 어떤 분야는 이미 돌이킬 수 없는 지경에 이른 것 같습니다. 일부 선비답지 못한 사람들이 자기의 영어 실력이나 전문성을 뽐내려고 일부러 그런 식으로 외국어를 섞어 이야기를 해 문제를 더욱 심각하게 만들고 있습니다. TV를 보면 많은 출연자가 '나도 [r] 발음할 줄 안다' 같은 강박관념에 사로잡혀 있음을 발견할 수 있습니다. 그러다 보니 TV 광고 끝마다 영어로 '본토발음'을 다는 줏대 없는 나라가 됐습니다. 제가 가본 아시아의 어느 나라도 그런 식으로 TV 광고를 하고 있지 않습니다.

이런 풍조가 계속 이어지면 해당 분야는 영원히 우리 것이 될 수 없습니다. 교육이 능숙한 모국어로 이루어져야 한다고 내가 철석같이 믿는 또 다른 이유는 짧지 않은 미국 유학 생활을 하면서 뼈저리게 느낀 바가 있기 때문입니다. 영어를 모국어로 하는 학생이 한 시간 공부할 때 우리는 두 시간, 세 시간 공부해야 했습니다. 수많은 유학생이 이렇게 피나는 노력 끝에 살아남은 것입니다. 물론 영어를 썩 잘해서 문제가 없으면 이상적입니다. 하지만 그것은 그리 쉬운 일이 아닙니다.

교육이라는 것이 무엇입니까. 가르치는 사람이 언어나 수식을 이용해 배우는 사람에게 개념을 전달하는 것입니다. 그것을 능숙한 모국어로 배우지 못하는 사람의 손해란 이루 말할 수 없는 것입니다. 언어라는 것이 얼마나 정교하고 미묘한 것입니까. 100% 우리말로 강의할 수 없는 분야에서는 초단은 무수히 나올 수 있어도 9단은 나올 수 없다고 생각합니다. 세계화 시대를 맞이해 대학 등 교육기관에서 100% 영어강의는 늘려가야 합니다. 히지만 전공필수 괴목 같은 것들은 반드시 100% 우리말로 병행해서 제공해야 합니다. 그렇게 하지 않으면 우리말은 소멸하고 말 것입니다.

오히려 세계화가 진행될수록 교육은 더 완벽하게 우리말로 시행돼야 하고, 우리말과 우리글을 갈고닦아서 발전하는 세계 문화에 동참해야 합니다. 모든 분야에서 부지런히 우리말 어휘들을 늘려가야 합니다. 세계화 시대라고 우리가 김치를 안 먹고 살 수 있습니까. 오히려 더 많은 외국인이 김치를 먹게 하는 것이 세계화입니다.

만일 '과학기술의 신'이 있다면 왠지 백인의 모습을 하고 영어를 말할 것 같지 않습니까? 과학기술의 신이 우리 할아버지나 할머니 같은 모습을 하고 우리말을 할 것 같이 생각될 때 진정한 우리 과학기술이 자리매 김할 수 있을 것입니다. 이를 위해 저는 〈어린이 과학동아〉에 3년 동안 〈우주신령과 제자들〉이란 만화를 그려서 연재한 적도 있었습니다.

"자, 슬슬 한 번 놀아볼까?"

"그런 반전 있는 신령~!"

그림 4-4 〈우주신령과 제자들〉 스타일

우주신령은 가장 높고 우주의 구조와 진화를 담당합니다. 가슴에 태극 그림을 달고 있지요. 은하신령은 별과 은하의 세계를 담당합니다. 꽁생원과 같은 면이 있지만, 우주 신령의 수제자입니다. 가슴에 은하 그림을 달고 있지요. 지구신령은 막내이고 지구와 태양계를 담당합니다. 이들이 우주를 가지고 노는 장면을 보는 아이들에게 우주는 '우리 것'으로 다가올 수 있지 않을까요. 저는 최근 이 세 신령이 우주를 안내하는 컴퓨터 프로그램 '우주학당'도 만들었습니다. 참가자가 마치 바둑처럼 우주 18급으로 입문하여 우주 9단까지 올라갈 수 있는 무료 천문학 교육 프로그램입니다. 우주학당은 http://universe.dongascience.com/ 으로 접속할 수 있습니다.

'우리 것' 개념은 정말 중요한 것입니다. 뉴턴이 중력을 발견한 1687년부터 꼭 300년이 되던 해인 1987년 영국 케임브리지 대학에서는 이를 축하하는 거대한 학회가 열렸습니다. 그 학회의 논문집 표지에는 어김없이 그림 4-5에서 보는 바와 같이 떨어지는 사과가 그려져 있었습니다.

그림 4-5
중력 발견 300주년 기념 논문집 표지

제가 1989년 미국 텍사스 대학교에서 박사 후 연수 과정에 있으면서 케임브리지 천문학 연구소를 방문할 기회가 있었습니다. 당시 소장을 맡고 있던 유명한 천문학자 리스 박사에게 '사과가 초록색으로 너무 맛없게 생겼다' 같이 농담을 건넸습니다. 그러자 그는 단 1초도 머뭇거리지 않고 '저것이 바로 영국 재래종 사과이다. 만일 뉴턴이 정말로 사과에 얻어맞았다면 그 사과는 저런 모양을 하고 있었을 것이다' 같이 대답하는 것이었습니다. 리스 박사는 자기가 무심코 그런 대답을 했다는 것조차 잊어버렸겠지만 저는 그 대답을 잊을 수가 없습니다. 그 뒤로 항상 '우리 사과'가 무엇인지 생각해보는 버릇이 생겼습니다.

## 뿌리 깊은 천손 문화

고구려 시대만 해도 우리가 천손이란 사상이 굉장히 강했습니다. 〈연개소문〉이라는 TV 연속극을 보면 강이식 장군이 유약한 영류왕에게 '책봉은 받더라고 책력은 받아오지 마라' 상소하는 장면이 여러 차례 나옵니다. 결국, 이 상소 때문에 강 장군은 목숨을 잃게 됩니다. 이 말은 나라가 힘이 약하면 책봉을 받을 수는 있지만, 책력은 하늘의 법칙인데 어떻게 천손인 우리가 그것을 받아 올 수 있겠느냐 이런 뜻입니다. 그런데 과연 몇 퍼센트의 시청자가 제작진의 의도를 이해했을까 궁금했습니다.

외국인들은 초현대식 빌딩을 짓고 나서도 돼지머리를 놓고 고사를 지내는 우리 한국인들을 이해하지 못할 것입니다. 그 행위 자체가 바람직하다 아니다 논하기에 앞서, 그것은 우리가 전통적으로 지내온 '제천행사'라는 점을 인식할 필요가 있습니다. 돼지머리에는 구멍이 7개가 있잖습니까? 즉 북두칠성과 관련이 있다고 보면 됩니다. 사람 머리에도 구멍은 7개 있습니다만 그렇다고 사람 머리를 올릴 수는 없지 않습니까. 소는 비싸니까 만만했던 것이 돼지였던 것이지요. 이것을 가지고 우리는 왜 그렇게 미개할까 생각할 필요는 절대로 없습니다. 성경을 보면 그 지방에서는 양이 제일 싸고 흔하니까 툭하면 양이 제물로 올라가지 않습니까? 근본적으로 같은 것입니다. 어쨌든 우리는 하늘에 빌지 않고는 직성이 풀리지 않는 민족이라는 사실을 증명해주고 있는 것입니다. 이처럼 뿌리 깊은 천손 문화는 여기저기에 남아 있습니다. 집에 빨간색 베개와 파란색 베개가 있으면 시어머니가 잔소리 안 해도 며느리는 빨간색 베개를 그 남편이 파랑색 베개를 베고 잡니다.

천손 문화의 예로서 우리나라 명절을 설명하고자 합니다. 앞에서 우리나라에서는 홀수를 천수, 즉 '하늘의 숫자'로 짝수를 지수, 즉 '땅의 숫자'로 여겼다고 설명한 바 있습니다. 그래서 우리나라 명절은 음력 1월 1일, 3월 3일, 5월 5일, 7월 7일, 9월 9일이 된 것입니다. 즉 음력 1월 1일이 설날, 3월 3일이 삼짇날, 5월 5일이 단오, 7월 7일이 칠석, 9월 9일이 중양절입니다. 음력 2월 2일, 4월 4일, 6월 6일, 8월 8일, 10월 10일은 아무 것도 아닙니다. 여기에서도 하늘을 숭앙하는 사상의 일면을 엿볼 수 있습니다. 강릉에서는 단오제를 유네스코에 등록하고 행사를 여는 등 잘하고 있는데 칠석에는 왜 아무도 관심이 없는지 이상했습니다. 해마다 2월이 되면 어김없이 백화점에서는 밸런타인데이를 맞이해 초콜릿을 팔면서 칠석날에는 왜 떡도 안 파는지 이해가 안 갔습니다.

그날이 되면 견우와 직녀가 만난다는, 남녀노소가 모두 아는 콘텐츠를 외면하는 것은 어리석은 일입니다. 무엇보다도 가슴 아픈 일은, 이제 몇 년 지나면 칠석을 '중국 밸런타인데이' 같이 부르고 우리 아이들이 일본

동화집이니 중국 동화집에서 견우와 직녀 이야기를 보게 될지도 모른다는 사실입니다. 실제로 중국과 일본 등에서는 견우와 직녀 얘기가 자기네 고장에서 비롯됐다고 주장하면서 크게 축제를 벌이는 지자체도 많습니다.

견우와 직녀는 그림 4-6에서 보는 바와 같이 고구려 벽화에도 등장합니다. 그림에서 소를 끌고 가는 남자가 견우이고 뒤를 따라가는 여자가 직녀입니다. 견우와 직녀 사이에 도랑 같은 것은 은하수일 수밖에 없지요. 견우와 직녀 얘기는 너무 오래돼서 사실 어느 나라에서 비롯됐는지 알 수 없습니다. 어쩌면 〈환단고기〉에 나오는 '동양의 아담과 이브'라 할 수 있는 나반과 아만이 바이칼 호수를 건너 만났다는 설화가 견우와 직녀 얘기의 시원일지도 모릅니다.

그림 4-6  고구려 고분 벽화의 견우와 직녀

어쨌든 견우와 직녀 얘기가 우리 어린이들로부터 〈신데렐라〉만큼도 관심을 끌지 못하고 있는 것이 현실입니다. 여기서 왜 어느 지방자치단체도 칠석제에 관심이 없는지 의문이 생깁니다. 칠석은 시기적으로 8월 휴가철 한복판에 잡힐 뿐만 아니라 그 주제가 인류의 영원한 숙제인 사랑입니다. 더구나 칠석제는 우리나라에 특별한 연고지도 없습니다. 그래서 저는 대전시에 행사를 건의했고 2006년부터 견우직녀 축제가 그림 4-7처럼 매년 열리게 됐습니다.

그림 4-7  대전의 견우직녀축제 광경

대전의 과학공원과 문예공원 사이 엑스포다리는 오작교 그 자체입니다. 붉은색과 푸른색이 어우러진 모습은 남녀와 음양의 조화를 보여주고 있기 때문입니다. 예를 들어 인천대교나 부산대교를 오작교라고 우길 수는 없는 것 아니겠습니까. 대전시는 공식적으로 그 다리를 공식적으로 '견우직녀다리' 라고 명명했고 덕분에 갑천은 '은하수' 가 됐습니다.

# 천손의 종교 생활

우리는 지독하게 종교적인 민족입니다. 종교란 학술적인 관점에서 본다면 결국 하나의 '우주관'이라고 말할 수 있습니다. 왜냐하면, 우주라는 연극의 각본이 곧 경전이라고 믿는 것이 종교이기 때문입니다. 우리말로는 똑같이 '우주'라고 번역돼 자주 혼동을 일으키는 영어의 세 단어 'space', 'universe', 'cosmos'에 관해 우선 알아봅시다.

스페이스는 인간이 장악할 수 있는 우주 공간을 지칭하는 말입니다. 따라서 우주 탐험, 우주 특파원, 우주 전쟁, …… 등은 각각 space exploration, space reporter, space war, …… 등으로 번역돼야 합니다. 유니버스는 별, 은하, 우주로 채워진, 천문학의 대상이 되는 객관적 우주를 지칭하는 말입니다. 즉 어떤 책의 제목이 유니버스라면 그 책은 천문학 교과서라고 생각하면 됩니다. 코스모스는 유니버스에 인간의 요구사항이 많이 들어간 주관적 우주를 말합니다. 예를 들어, 바둑 두는 사람들이 바둑판은 하나의 우주라고 주장할 때 그 우주는 코스모스인 것입니다.

종교에서 말하는 우주는 물론 코스모스를 의미합니다. 즉, 유니버스에 종교의 원리가 더해진 코스모스입니다. 우리 민족이 숭앙한 하늘 역시 코스모스라고 본다면 천손인 우리는 태곳적부터 종교적인 민족이 될 수밖에 없었던 것입니다. 우리 토속종교들은 예외 없이 하늘을 숭상하는 특성을 지니고 있다고 단언할 수 있습니다.

이러한 바탕 위에 불교나 크리스트교 같은 전래 종교들도 굳건히 자리를 잡게 된 것입니다. 예를 들어, 크리스트교 신자들은 창조주인 '하나님'과 애국가의 '하느님'을 동일시하면서 정신적으로 더욱 안락함을 느꼈던 것입니다. 이리하여 우리나라는 종교의 천국이 됐습니다. 천손사상은 태곳적부터 이어져 내려온 코스모스를 추구하는 사상입니다. 이미 앞에서 강조한 바 있습니다만 여러분은 이 천손사상을 종교와 혼돈하면 안 됩니다. 천손사상을 가진 채 어떤 종교를 가진들 무슨 상관이 있습니까?

저는 시민천문대 같은 곳에서 스님들이나 목사님들을 자주 만났습니다. 시민천문대까지 일부러 찾아온 그분들의 우주에 대한 호기심은 정말 대단했습니다. 목사님들에게 이 우주가 얼마나 큰지 이야기하면 대체로 당황해 합니다. 하지만 하나님이 겨우 태양계 정도 우주나 만든 '절대자'가 아니라 엄청나게 큰 우주를 만든 '절~대자'임을 깨닫고는 더욱 행복해합니다. 빅뱅 우주론을 설명한 후 성경의 첫 구절 '태초에 빛이 있었다'를 '태초에 빅뱅이 있었다' 같이 해석하면 아무런 문제가 없다고 설명하면 그때는 어김없이 '할렐루야' 외치는 것이었습니다.

하지만 다시 한 번 강조합니다. 코스모스를 추구하는 사상과 종교 중에서 우리나라의 국혼이 될 수 있는 것은 하늘 사상뿐입니다. 하늘 사상은 어느 종교와도 상충되지 않습니다. 일부 국민은 종교 때문에 우리 상고사에 대해 소극적인 것 같습니다. 제가 명확하게 정리해드리겠습니다. 우리 역사가 고조선 이전으로 거슬러 올라간다고 해서 도대체 그것이 종교, 특히 전래종교와 무슨 상관이 있습니까?

저는 나라가 있고 그다음에 종교도 있는 것이라고 생각합니다. 일제강점기 때 독립선언문을 낭독한 33인 중 종교인들이 상당수를 차지했습니다. 우리 역사를 바로잡고 국혼을 바로 세우는 일에 종교인들도 적극 참여해야 합니다. 세계화 시대를 맞이해 우리나라도 다민족국가로 변해가고 있습니다. 하지만 역설적으로 대한민국의 정체성 확립 문제 또한 더욱 절실해지고 있습니다. 김치가 냄새가 나면 외국인들 앞에서 안 먹는 것이 아니라 외국인들을 모두 먹게 하는 것이 세계화의 방향이라야 하기 때문입니다. 정체성을 잃고 세계화의 물결에 휩쓸리면 우리는 유랑민족으로 전락하고 말 것입니다.

# 선비다운 삶

앞에서 천손의 후예라면 누구나 '선비다운 삶'을 추구할 수밖에 없다고 기술한 바 있습니다. 이 책에서 말하는 '선비'란 우주와 하늘의 섭리를 연구하고 실천에 옮기려고 노력하는 사람이라고 앞에서 정의한 바 있음을 상기하기 바랍니다. 우리는 하늘의 자손이기 때문에 남녀노소를 떠나 모든 사람이 정신적으로 선비가 되려고 노력하며 삽니다. 따라서 우리나라 사람들은 '당신 나쁜 사람이요' 같은 말보다 '당신 천박한 사람이요' 같은 말에서 더욱 모욕감을 느낄 수밖에 없습니다.

선비의 본분은 누가 뭐라 해도 공부하는 일일 것입니다. 인간은 공부를 함으로써 더욱 귀하고 소중한 존재가 됩니다. 우주의 섭리를 조금이라도 더 깨달으려고 노력하고 고뇌하는 모습 자체가 아름다운 것이지요. 제 전공은 블랙홀 천체물리학인데 항상 능력의 한계를 느끼면서 삽니다. 하지만 고통 끝에 모르는 것을 새로 알게 되면 그 즐거움이란 말로 표현하기가 어렵습니다.

선비는 자기가 깨달은 '하늘의 뜻'을 다른 사람들이 이해 못 해 괴로워하는 것을 보면, 그 고통을 잘 이해하기 때문에 쉽게 가르쳐주고 싶어할 수밖에 없습니다. 따라서 자기가 이해하지 못하는 것을 알고 있는 다른 사람은 인종, 성별, 종교를 떠나 존경하게 됩니다. 그리하여 몸가짐을 더욱 조심하게 되고 겸손이 몸에 배게 되는 것입니다. 그러므로 선비다운 생활을 하다 보면 자연스럽게 좋은 사람들을 만나게 됩니다. 선비는 선비를 알아보는 것입니다. 이것이 바로 선비의 세계입니다.

저는 미국 유학시절 수도 워싱턴에서 열린 미국천문학회에 참석한 적이 있었습니다. 그때 제 목적은 포스터로 연구 결과를 발표하는 일보다는 한참 잘 나가던 어떤 학자를 만나 블랙홀에 관해 다만 10분 만이라도 토론하는 것이었습니다. 그런데 문제는 그 사람이 항상 사람들로 둘러싸여 있었다는 점이었습니다. 몇 차례 시도 끝에 저는 그 사람과 만나는 일조차 포기했습니다. 인의 장막을 뚫고 접근하기가 도저히 불가능했던 것입니다. 하지만 달리 할 일도 없었습니다. 블랙홀 천체물리학 특성상 엄청나게 복잡한 수식만 잔뜩 담고 있는 제 포스터를 보러 오는 사람은 거의 없기 때문이었습니다. 저녁이 돼 학회가 끝나고 호텔문을 나서던 찰라 저는 호텔 로비에 전시된 제 포스터를 열심히 읽고 있는 한 사람을 목격하게 됐습니다. 바로 제가 만나고 싶어 하던 그 사람이 아니겠습니까! 그리하여 1시간이 넘도록 마주 서서 아주 보람 있는 토론을 할 수 있었습니다. 저는 이것이 바로 선비의 세계에서 일어날 수 있는 일이라고 생각합니다.

선비는 자기가 깨달은 우주의 메시지를 다른 사람들이 이해 못 해 괴로워하는 것을 보면, 그 고통을 잘 이해하기 때문에 쉽게 가르쳐주고 싶어 합니다. 그러면서 자연스럽게 자기보다는 남을 위해 살려는, 봉사하는 태도가 몸에 배게 됩니다. 오로지 자기 자신만을 위해 사는 사람은 일단 선비 자격이 없는 것입니다. 이러한 이타적인 삶이 종교에서 추구하는 이상적인 삶과 무엇이 다르겠습니까. 학문은 인간을 존귀하게 만들어 주는 것입니다.

사실 모든 사람은 평생 공부를 하며 삽니다. 그 일이 꼭 책을 읽거나 강의를 듣는 것은 아닐지 몰라도 살기 위해 노력하는 그 자체가 넓은 의미에서 보면 공부라고도 볼 수 있는 것입니다. 누구나 자기가 경험한 우주의 메시지를 선비답게 전달해 줄 수 있는 나라, 이러한 나라야말로 꿈에서만 그릴 수 있는 이상국가 유토피아, 아니 코스모피아, 'Cosmopia'가 아니겠습니까.

한국 사람들은 남이 술을 따라주기 전에는 절대 자기 잔을 스스로 채우지 않습니다. 물론 자기가 마실 술을 차마 자기 잔에 따르지 못하는, 선비다운 정서에서 시작된 일입니다. 그리하여 술잔을 돌리는 관습이 생겼는데 비위생적인 것이 사실인 만큼 정서는 잊지 않더라도 개선해야 할 것입니다. 우리 술 문화에는 '정이 깊은' 민족성도 크게 영향을 주고 있습니다. 예를 들어, 많이 사라지기는 했지만, 우리는 아직도 술을 마시면 한번에 끝내는 일이 드뭅니다. 기어이 2차, 3차까지는 가야 비로소 헤어질 준비를 하는 것입니다. 그러나 이러한 특성도 비합리적이라고 보거나 수치스럽다고 생각하기 이전에 우리의 전통적 음주 문화를 이해할 필요가 있습니다. 서양의 술은 오크통에 보관하면서 먹고 싶을 때 조금씩 따라서 먹을 수 있습니다. 그러나 우리나라 술은 전통적으로 담그는 것이기 때문에 익으면 하루 이틀 안으로 마시지 않으면 여름에는 쉽니다. 그래서 아는 사람들을 모두 불러 모아 독이 빌 때까지 마시는 것이 우리의 음주 문화로 정착된 것입니다. 어디 아는 사람뿐입니까. 지나가는 나그네까지 '자네 이리 와서 한잔하게' 하며 술을 나누는 것이 우리의 정서로 자리매김한 것입니다. 이것이 현재에 남아 2차, 3차로 둔갑한 것입니다.

우리가 흔히 사용하는 '점잖다' 같은 표현은 영어의 'gentle'은 아닙니다. 이 말은 '선비답다' 같은 뜻으로 남녀노소에 무관하게 적용됩니다. 우리 사회에서는 점잖지 못한 사람, 남을 배려하지 않는 사람, 자기 이익만 추구하는 사람, 속 보이는 언행을 일삼는 사람, 지위가 높다고 거드름을 피우는 사람, …… 등을 인정하지 않습니다. 외국인들이나 우리나라에 귀화한 사람들이 한국사회에서 살아남으려면 무엇보다도 이 점을 깨달아야 할 것입니다.

# 시급한 현대 우주문화

선진국들이 경쟁적으로 달과 화성에 탐사선을 보내느라고 야단법석인 지금은 우주 시대입니다. 우주 시대에는 우주 시대에 어울리는 '우주문화'가 있어야 합니다. 국민 수준이 낮아 훌륭한 우주문화 상품을 갖지 못한 국가는 문화전쟁에서 질 수밖에 없습니다. 즉 우주 시대 우주문화는 절실할 수밖에 없는 것입니다.

〈ET〉나 〈스타워즈〉 같은 SF 영화 대작들은 할리우드의 영화인들이 훌륭하다기보다는 우주문화의 꽃이 우주개발을 추진하는 과정에서 활짝 피었기 때문이라고 말하는 것이 더 정확합니다. SF 대작은 그 속에서 잔 뼈가 굵은 영화인들에 의해 탄생하는 것이기 때문입니다. 이런 풍토는 어떻게 보면 도로, 항만, …… 보다 더 중요한 사회간접자본이 됩니다. 우리는 언제까지 불륜 연속극, 폭력 영화나 보고 살아야 합니까. 왜 미국 CIA 요원이 외계인을 추적한다면 고개를 끄덕이던 사람들이 우리 국가 정보원 요원이 외계인을 추적한다면 웃어버리고 맙니까. 영화에서 왜 우리 아이들은 안 되고 꼭 백인 아이들만 ET를 만납니까.

현실은 정말 답답하기 짝이 없습니다. 국민이 우주에 관심이 없으니, 예를 들어, 우리 만화가 중에는 우주를 잘 아는 만화가가 나올 수 없고 결국 우리는 일본에서 40년 전에 만들어진 〈은하철도 999〉 같은 만화영화조차 가질 수 없는 악순환이 이어집니다. 당분간 우리나라는 아마 선진국들의 달이나 화성을 탐사하는 모습을 구경만 하는 신세를 면치 못할 것입니다. 하지만 현재 우리나라가 우주탐사 계획에 참여할 수 있느냐 마느냐는 어떻게 보면 덜 중요한 문제입니다. 더 중요한 것은 국민의 수준이 우주 시대에 어울리는 우주문화를 갖느냐 못 갖느냐 하는 문제인 것입니다.

언제까지 부러워만 하고 있겠습니까. 우리는 하루라도 빨리 SF 같은 우주문화 상품을 우리 것으로 만들지 않으면 안 될 것입니다. 우리나라 어느 정보기관 건물 지하실에는 ET 시체가 냉동보관 중에 있다, 우리 공군 전투기 편대가 UFO를 추적했다, 우리 국가정보원 정보원이 ET와 교전 끝에 전사했다, 우리가 만든 로켓이 드디어 달에 도착했다, …… 우리도 이런 이야기들을 하면서 살아야 하지 않겠습니까. 동해에 소행성이나 혜성이 떨어지는 영화를 만들면 자연스럽게 'East Sea'도 홍보할 수 있지 않을까요. 비단 영화뿐만이 아니라 우주에 관한 문화는 어느 분야에나 거의 없습니다. 우주음악, 우주미술, 우주공원, 우주 SF, …… 어느 하나 친숙하게 들리지 않는 현실입니다.

우리는 흔히 SF를 '공상 과학 소설'이라고 부르고 있습니다. SF, 즉 Science Fiction에는 '공상'이라는 말이 없습니다. 공상이란 말은 다분히 '실현 불가능한 것', '상상 속에서만 가능한 것'이라는 의미를 지니고 있기 때문에 SF는 글자 그대로 '과학 소설'이라고 불러야 합니다. 사람이 달에 가는 것이 왜 공상입니까. 선진국에서는 이미 우주 호텔을 지을 계획을 세우고 예약을 받겠다고 나서고 있는 판입니다.

천문학자로서 부모들에게 꼭 권하고 싶은 일이 하나 있습니다. 자기 아이에게 '밤하늘에 별이 몇 개나 있니?' 하고 물어보라는 것입니다. 일단 별이 많다고 대답하면 정말 다행입니다. 왜냐하면, 도시에서 자라는 아이들 대부분은 넉넉히 잡아 이삼십 개 정도라고 대답하기 때문입니다. 그것이 뭐 그렇게 중요한가, 천문학자나 관심 있어 할 질문이 아닌가 하고 반문할지도 모르겠습니다. 하지만 그건 아닙니다. 밤하늘에 별들이 쏟아질 듯 많다는 사실을 알고 자라는 아이하고 많아 봐야 이삼십 개정도 있다고 생각하는 아이하고는 같을 수가 없기 때문입니다. 그 차이는 평생 영향을 미치게 되며, '고액 과외'로도 결코 메워질 수 없습니다. 어른들은 달빛에 사람 그림자가 생긴다는 사실도 모르고 자라는 요즘 아이들에게 별을 되찾아줘야 합니다. 달그림자를 모르고 자라는 아이들이 과연 베토벤의 월광 소나타를 가슴으로 느끼고, 커서 달빛 속의 데이트를 즐길 수 있겠습니까.

　저는 1995년부터 한국천문연구원에서 방학 때마다 동료들과 함께 2박 3일 교사연수를 시행해왔습니다. 그동안 연수에 참여한 초·중·고 교사만 5천 명이 넘습니다. 이 연수에서 저는 교사의 안목과 여유에 대해 여러 가지 예를 들어 보입니다. 초등학교 교사들이나 아이들이나 모두 해는 빨간색이라는 고정관념에 사로잡혀 있습니다. 해를 그리라고 하면 꼭 빨간 동그라미를 그리고 햇살을 대여섯 개 그리는 것입니다. 햇살을 20개쯤 그려도 너무 많이 그렸다고 지적당합니다. 그러니 해를 파랗게 그린 아이는 자칫 교사에게 혼날 수도 있습니다. 교사가 혼내면 주위 아이들은 놀리기 시작할 것이고……. 이런 일은 절대로 있어서는 안 됩니다. 해가 어째서 빨간색입니까. 해를 쳐다보면 파랗게 보이기도 하지 않습니까. 그 아이는 실제로 자기가 본 해를 그렸기 때문에 칭찬받아야 옳습니다. 연수 때 저는 교사들에게 '산지식'을 가르치라고 부탁합니다.

연수에 참여한 교사들이 돌아가서 훌륭한 일을 하면 정말 보람을 느낍니다. 우리나라는 거의 군마다 지방 축제가 있습니다. 그 축제라는 것이 특산품을 소개하는 것 빼놓고는 노래자랑, 미인 선발대회, …… 등 대동소이하지만 정작 아이들을 위한 행사는 거의 없습니다. 연수를 다녀간 교사들이 학교 과학실에서 먼지를 뽀얗게 뒤집어쓰고 있던 천체망원경을 하나씩 들고 나와 운동장에서 별 축제를 열면 훌륭한 아이들 행사가 생깁니다. 그러면 아이들은 별을 봐서 좋고 교사들은 지역사회에 기여하고 인정받아서 좋은 것 아니겠습니까. 저는 이런 교사들의 운동이 현대판 '상록수'라고 생각합니다.

그림 4-8
천문학 교사연수 모습

# 하늘 도장 시민천문대

천문학자들의 연구를 목적으로 세워진 보현산천문대나 소백산천문대 같은 곳은 아무 때나 학생과 일반인들에게 별을 보여 줄 수 없습니다. 이것은 세계 어느 나라나 마찬가지입니다. 따라서 일반인들이 항상 별을 볼 수 있는 천문대를 따로 지을 수밖에 없는데 이러한 것을 시민천문대라고 합니다. 많은 우리나라 사람들이 평생 망원경으로 달 한번 보지 못하고 죽습니다. 누구나 가까운 시민천문대에 들러 시야에 펼쳐지는 진짜 달의 모습을 감상하기를 권합니다.

지방자치단체가 세운 공립 시민천문대는 여러 곳에 있습니다. 대전시민천문대는 그중 가장 먼저 문을 열어 '과학도시' 대전의 체면을 세웠습니다. 다른 지역에서 온 관람객들은 한결같이 '우리 고장에도 이런 시설이 있다면 얼마나 좋을까?' 말했습니다. 무엇이 그리 좋았을까요. 무엇보다도 부모자식 사이에 대화거리가 생겨서 좋았습니다. 부모보다 먼저 북극성을 찾았다고 자랑하는 아이, 아이들과 내기를 걸고 직원에게 판정을 요구하는 부모, …… 가족이 다 같이 별을 헤는 모습은 아름답기까지 했습니다. 이제는 별 음악회까지 열어 찾는 사람들에게 감동을 선물하고 있습니다.

아이들에게 별과 우주에 대한 꿈을 심어 주는 곳, 아이들이 시험을 잡쳐서 울적하면 별을 보고 마음을 달랠 수 있는 곳, 부모들에게 옛 추억을 되살려 줄 수 있는 곳, 외지에서 손님이 왔을 때 자랑할 수 있는 곳, …… 바로 이런 곳이 시민천문대입니다. 별을 보며 자란 아이들은 과학자, SF 작가, 우주만화가, 우주음악가, 우주미술가, 우주비행사가 될 것이며, 영화를 만들어도 한국판 〈스타워즈〉를 만들 것입니다.

저는 한국천문연구원장 시절 시민천문대 육성을 적극 지원했습니다. 이제 우리나라도 그림 4-11에서 보는 바와 같이 국민이 별을 볼 수 있는 장소가 많이 늘어났습니다. 하지만 아직 멀었습니다. 광역시는 물론 일부

그림 4-9
대전시민천문대 전경

그림 4-10
대전시민천문대 망원경

중소도시까지 당연히 하나씩 있어야 하는 것이 시민천문대입니다. 이웃 나라 일본에는 시민천문대가 공사립 모두 합쳐 300개가 넘습니다. 그림 4-11을 자세히 살펴보면 인구가 2천만에 이르는 수도권에도 공립 시민 천문대 하나 없다는 사실을 깨닫게 됩니다.

그림 4-11  전국 천문지도

서울 시민천문대는 시내 한복판, 예를 들어 종로에 세워도 아무 상관 없습니다. 서울 근교에서 은하수가 보이는 곳을 찾는 것이 불가능할 뿐 아니라, 어차피 연구용 천문대가 아니기 때문입니다. 주로 해, 달, 행성만 관측하게 되고 플라네타륨 같은 시설을 이용하면 은하수가 보이는 밤하늘을 재현할 수 있기 때문에 더욱 문제가 없습니다. 교통이 나쁜 — 교통이 좋으면 상관없지만 — 산꼭대기에 시민천문대를 지으면 누가 찾아오겠습니까.

미국 LA를 방문할 기회가 있으면 〈이유 없는 반항〉이라는 영화가 촬영된 그리피스 천문대를 꼭 가보기 바랍니다. 영화배우 제임스 딘의 흉상이 있는 이 시민천문대가 LA 생활의 일부분을 차지하고 있다는 사실이 부럽게 느껴질 것입니다. LA 야경이 너무 아름다운 이곳은 우리 교민들이 힘들 때 시름을 달래기 위해 찾아가는 곳으로도 유명합니다. 이제는 우리 서울도 멋진 시민천문대 하나쯤 가질 때가 되지 않았을까요.

별나라 우리나라 운동은 현재 한국아마추어천문학회가 추진하는 순수한 국민과학운동으로서 국혼을 바로 세우는 데에도 일조할 수 있다고 여겨집니다. 이 운동은 새마을운동의 만분의 일만 성공해도 나라를 확 바꿀 수 있는 우주 시대에 어울리는 국민과학운동입니다. 하지만 힘이 미약해 아직 운동본부조차 제대로 꾸리고 있지 못합니다. 천문학 잡지 〈별나라 우리나라〉도 후원이 끊겨 발행을 중단한 상태로 있습니다. 국민의 많은 참여를 바랍니다.

아이들이 하늘을 보며 자라는 나라,
별나라 우리나라.

어른들이 우주를 이야기하는 나라,
별나라 우리나라.

조상들이 하늘을 돌에 새겼던 나라,
별나라 우리나라.

후손들이 우주를 날아다닐 나라,
별나라 우리나라.

그림 4-12  별나라 우리나라 노래

# 국혼을 바로 세우려는 노력

해방 직후 1948년 우리나라는 단기 연호를 도입합니다. 일제강점기 동안 다져진 민족의 자긍심이 반영된 결과였습니다. 하지만 근대화 과정에서 무조건 서양을 따라가야 나라가 발전한다고 생각하는 사람들 때문에 결국 1961년을 마지막으로 단기 연호를 사용하지 않게 됐습니다. 왜 단기와 서기를 병행해 사용하지 않고 아예 단기 연호를 폐기했는지 이해가 가지 않습니다. 서기 연호가 훨씬 편리하니까요? 음력을 버린 일본도 여전히 일왕 연호를 서기와 함께 사용하고 있지 않습니까. 북한도 '주체' 연호를 아무런 불편 없이 사용하고 있습니다. 단기 연호를 복원해 병행하고 개천절 날짜를 음력 10월 3일로 바로잡는 것이 옳다고 여겨집니다.

사단법인 국학원과 관련 단체들이 이에 나섰습니다. 국학원의 국혼을 바로 세우려는 노력이 여기저기에서 감지되고 있습니다. 그럼 그렇지요, 천손의 후예는 죽지 않은 것입니다! 국학원은 단기연호회복운동뿐만 아니라 그림 4-13에서 보는 바와 같이 우리나라 개천절 행사를 주도하고

그림 4-13
국학원의 개천절 행사

있습니다.

삼족오를 상징 로고로 내세운 국학원은 중국의 동북공정과 맞서 싸우는 역사전쟁의 선봉장이 됐습니다. 국민에게 '한국학' 이 아닌 '국학'을 일깨우며 국혼을 바로 세우고 있습니다. 우리가 '한국사'가 아니라 '국사'를 배우듯이 이는 대단히 소중한 일이 아닐 수 없습니다. 국학을 교육하고 연구하며 다양한 문화 사업까지 펼치고 있습니다.

조선말 고종 황제가 마지막으로 지낸 환구단 천제를 지켜 나아가는 애국단체들의 노력도 국혼을 바로 세우는데 큰 기여를 하고 있습니다. 원래 그림 4-14와 같은 모습을 하고 있었던 환구단은 현재 사적 157호로 지정돼 서울시 중구 소공동 조선호텔 자리에 일부가 남아 있습니다. 환구단은 원구단이라고도 하는데 한자로 각각 '圜丘壇', '圓丘壇' 으로 적습니다. 이는 하늘은 둥글고 땅은 네모졌다는 고대 우주관에서 비롯된 것입니다. 이처럼 둥근 천단에서 천제를 지낸 흔적은 놀랍게도 홍산 문명 유적지에도 남아 있습니다!

그림 4-14   옛 환구단의 원래 모습

천제는 천손의 대표적이고 상징적인 행사로 삼성조 시대부터 시행됐습니다. 천제는 부여의 '영고' 고구려의 '동맹' 동예의 '무천' 등으로 이어져 내려왔습니다. 하지만 사대주의 색채가 짙어진 조선 시대에 이르러 천제의 맥은 완전히 끊기었던 것입니다. 정작 우리로부터 천제를 배워간 일본이 천왕의 즉위식 때 비슷한 의식을 한다고 하니 참으로 통탄할 일이 아닐 수 없습니다. 환구단 천제와 개천절에 열리는 강화도 참성단 행사, 태백산 개천행사 정도가 겨우 맥을 이어가고 있는 것입니다.

그림 4-15
환구단 천제

민족종교 증산도에서도 30년 각고의 노력 끝에 〈환단고기〉 역주본을 2011년에 처음으로 세상에 내어놓았습니다. 계연수가 1911년 〈환단고기〉를 처음으로 소개한 지 100주년이 되는 해 참으로 뜻깊은 일을 한 것입니다. 포교와 관련된 내용이 전혀 없는 가운데 방대한 화보와 함께 홍산 문명을 소개하고 있다는 점 등을 고려하면 〈환단고기〉 역주본의 가치는 글로 표현할 수 없을 정도입니다. 증산도 신도가 아닌 제가 학자적 양심을 걸고 다음과 같이 분명히 말씀드리겠습니다. 이 책은 승천하는 대한민국 용의 여의주가 될 것입니다!

중산도는 단순히 〈환단고기〉 역주본을 발행하는데 그치지 않고 그 내용을 세상에 널리 알리기 위해 여러 가지 행사를 하고 있습니다. 그림 4-16은 중산도에서 주최한 〈환단고기〉 북 콘서트 행사 장면입니다.

그림 4-16
〈환단고기〉 북 콘서트 광경

## 절실한 천재정책

천재는 한자로 적으면 '天才', 즉 '하늘 천' 자를 씁니다. 천재는 하늘이 내려주는 사람이라는 뜻입니다. 이것을 핑계로 하늘을 다루는 이 책에서 천재정책 얘기를 해볼까 합니다. 왜냐하면, 이 문제는 앞으로 우리나라의 운명을 좌지우지할 그러한 것이기 때문입니다.

저는 현재 '천재소년' 송유근 군의 멘토이기도 합니다. 유근이는 현재 대전에 있는 과학기술연합대학원대학교 한국천문연구원 캠퍼스 소속 석·박사 통합과정 대학원생으로 있습니다. 과학기술연합대학원대학교는 영어로 'UST, University of Science and Technology', 한국천문연구원은 영어로 'KASI, Korea Astronomy and Space Science Institute' 같이 적습니다. UST는 한국천문연구원과 같은 연구소들의 학위과정 행정을 총괄하는 곳입니다. 송 군은 현재 열심히 공부하고 있으며 세 지도교수가 각각 천문학, 물리학, 수학을 가르치고 있습니다. 저는 김연아 선수가 우리 동계 스포츠를 활성화한 것처럼 유근이가 이공계를 활성화하는 데 기여했으면 합니다.

그림 4-17
송유근 군의 최근 모습

20세기가 끝나가던 1990년대 말 저는 21세기를 맞이하기 위해 무엇인가 의미가 있는 일을 하고 싶었습니다. 그래서 수학 · 물리학 · 천문학 분야를 한 맥락에서 보여 주는 종합교과서를 쓰기로 결심했습니다. 그리하여 2001년 초 세상에 책을 내놓았지만, 홍보도 안 되고 독자들의 외면을 받아 마음이 편치 않았습니다.

그러던 중 2006년 4월 유근이를 과학의 달 행사장에서 우연히 만나게 됐습니다. 유근이는 당시 초등학교 3학년 나이로 모 대학에 다니고 있었습니다. 저는 공부하는데 참고하라며 유근이에게 그 책을 선물로 주었습니다. 그런데 유근이는 그 책이 너덜너덜해지도록 읽었습니다. 기특히 여긴 저는 2006년 여름방학 동안 그 책을 교재로 유근이를 직접 가르쳐주었습니다. 유근이는 10번에 걸쳐 한국천문연구원이 있는 대전에 꼬박꼬박 내려와 수업을 받았고 마치 스펀지가 물을 빨아들이듯 지식을 흡수해댔습니다. 저는 '아, 이 책의 임자는 유근이었구나' 하며 좋아했습니다. 아무튼, 그 일이 인연이 돼 유근이는 3년 뒤인 2009년 3월 한국천문연구원 대학원 과정에 입학해 제자가 됐습니다. 유근이를 3년이나 지켜본 뒤에 데려왔던 것입니다.

유근이를 지도하는 과정에서 저는 새로운 사실들을 많이 발견하게 됐습니다. 무엇보다도 놀랐던 것은, 수십 년에 한 번 나올까 말까 한 천재로 믿었던 유근이 같은 어린이가 우리나라에 최소한 수백 명 있다는 사실이었습니다! 고사리 손으로 컴퓨터 키보드를 두드리며 큰 아이들은 우리 어른들과 완전히 다른 것입니다. 이 어린이들이 모두 유근이가 거친 과정을 되풀이할 수는 없고 또 그럴 필요도 없다고 봅니다. 그 아이의 성향, 부모의 가치관, 가정환경 등 여러 가지 요소에 의해 결정돼야 합니다. 하지만 그 중 상당수의 어린이는 유근이처럼 교육을 받아 우리나라의 발전에 결정적 기여를 할 수 있다고 믿습니다. 우리나라가 앞으로 살아남을 길이 오직 인재개발에 달려있다는 점을 고려하면 이는 정말 중요한 문제가 아닐 수 없습니다.

현재 영재센터들은 무척 잘 돼 있습니다. 하지만 천재들이 우여곡절 끝에 대학에 조기 진학한다고 해도 언니·오빠들 사이에서 도태될 확률이 높습니다. 교육이란 꼭 선생님으로부터만 받는 것이 아닐진대 MT도 같이 술도 같이 못 먹는 어린이가 어떻게 절차탁마의 효과를 누릴 수 있겠습니끼. 예민한 사춘기를 맞이할 어린이에게 심적 부담만 가중될 뿐입니다.

지금까지 나열한 사실들을 고려하고, 우리나라가 앞으로 살아남을 길이 오직 인재개발에 달려있다 생각하면 명확한 결론에 이릅니다. 희망하는 천재 어린이들이 초·중·고·대 과정을 일사불란하게 마칠 수 있는 '교육계의 KTX'를 만들어야 합니다. 그 KTX의 종착역은 천재들을 모아놓은 대학이 돼야 합니다. 그래야 일반 대학과정에서 '각개격파' 당하는 일을 막을 수 있고 전인교육 차원에서도 큰 도움이 될 것입니다. 유근이 나이에 공부만 해서는 안 됩니다. 그 나이 때 배우지 못하면 평생 잘할 수 없는 분야가 많기 때문입니다. 음악도 그 중 하나라고 생각합니다. 과학자가 음악을 하는 것이 이상해 보이면 안 됩니다. 아인슈타인은 프로급 바이올리니스트였다고 하지 않습니까. 모든 분야에서 우리나라 최고의 선생님들이 교육해야 합니다. 특히 영어를 조기 교육해 글로벌 리더가 될 수 있게 해야 합니다. 이렇게 하면 먼 훗날 노벨상 수상자도 대량으로 나올 수도 있을 것입니다.


이것으로 하늘 문화 강의를 모두 마치겠습니다.

감사합니다.

# 공군 우주사령부 설치 시급하다

지난해 10월 23일 독일의 뢴트겐 인공위성이 인도양에 떨어져 국내외 언론에 크게 보도됐다. 이미 10여 년 전에 수명이 끝난 이 위성은 우주쓰레기가 돼 지구를 공전하다가 추락했다. 그런데 이달 15일 위성 하나가 또 추락할 예정이다. 러시아의 실패한 화성 탐사선 포보스-그룬트 위성이 그 주인공이다.

지난해 12월 9일 카자흐스탄 바이코누르 우주기지에서 발사된 포보스-그룬트 위성은 발사체 로켓으로부터 성공적으로 분리됐다. 하지만 위성 자체의 추진장치가 작동하지 않아 화성으로 가지 못하고 지구로 다시 추락할 운명을 맞게 됐다. 현재 포보스-그룬트 위성은 유라시아 대륙 어딘가에 추락할 것으로 예상되고 있다.

미국항공우주국(NASA)은 10cm보다 큰 우주쓰레기가 현재 1만 개가 넘는 것으로 추정하고 있는데 이 중 상당수는 폐기된 인공위성이다. 앞으로도 매년 농구공보다 큰 우주쓰레기가 몇백 개씩 지구로 떨어질 예정이므로 언젠가는 그중 하나가 우리나라에 떨어질 수도 있다. 위성 중에는 핵 원자로를 가진 것도 있기 때문에 우리나라로 떨어지면 큰 재앙이 아닐 수 없다. 쓰나미는 바다에서만 오는 것이 아니다.

관련 정보를 선진국에만 의존하지 말고 우리 스스로 조기에 발견하고 추락 궤도를 예측하는 우주 감시 시스템을 구축해야 한다. 현재 우리나라는 추락하는 위성은 물론이고 궤도가 알려지지 않은 위성을 추적할 수 있는 능력이 거의 없다. 첩보위성을 식별할 능력이 없는 나라를 우주 시대의 진정한 독립국가라고 말할 수 있겠는가. 강대국들은 허락 없이 영공을 통과하는 위성을 추락시킬 수 있는 능력까지 보유하고 있다.

NASA에 해당하는 일본 우주기관은 우주항공연구개발기구(JAXA)다. 일본은 우주 개발을 평화 목적으로 한정하는 조항을 삭제한 JAXA 설치법 개정안을 1월 국회에 제출하기로 했다고 한다. 일본도 우주안보 문제에 본격적으로 뛰어들겠다는 신호다. 노다 총리는 의원 시절인 2007년 중국의 위성 요격 실험에 자극받아 우주청을 신설하고 우주기술을 국방에 이용할 것을 주장한 사람이다. 중국 공군은 국가이익 보호를 위해 우주작전능력을 확보하겠다는 주장을 되풀이하고 있다.

미국 우주사령부 사령관이 공군 대장이라는 사실에서 알 수 있듯 우주작전의 1차 책임자는 공군이다. 현재 우리나라 공군은 한국천문연구원 등과 함께 우주 감시 업무를 수행하고 있고 뢴트겐 위성 추락 때도 큰 몫을 했다. 하지만 필자는 공군에 '담당자' 만 있지 '책임자' 는 없다는 인상을 항상 받는다. 이제 우리나라에도 우주사령부가 있어야 한다.

이미 언급한 우주 감시 문제 이외에도 우주 측지나 우주환경 문제 등 할 일이 태산이다. 우주 측지 분야에서는 위성위치확인시스템(GPS) 마비 같은 사태가 언제든지 발생 가능하다. 우주환경 분야에서는 2013년 태양활동 극대기가 예고된 상태다. NASA는 이미 여러 차례 태양의 자기폭풍에 관해 경고한 바 있다. 이런 것들은 작게는 통신 교란부터 크게는 정전까지 문제를 야기할 수도 있다.

첫 우주사령관이 영관 장교라 해도 언젠가는 공군 대장이 맡는 시대가 반드시 올 것이다. 그런 미래를 위해 우주안보에 헌신하는 장교들이 조종사들보다 진급에서 불이익을 받지 않도록 제도적으로 뒷받침하는 방안을 마련하는 등 공군도 변해야 한다. 이런 관점에서 보면 최근 국방기상은 물론이고 우주환경 문제까지 일부 맡고 있는 공군의 기상전대가 기상단으로 격상된 것은 바람직한 변화라고 여겨진다. 이제 공군사관학교에 지원하는 청소년들이 전투기 조종사는 물론이고 우주비행사가 되겠다는 꿈을 가지게 될 것이다.

# 끝내며

안녕하세요.

한국천문연구원의 박석재입니다.

먼저 객관식 문제를 하나 내겠습니다.


(문제) 100년 뒤 우리나라는?


1. 통일 후 만주 등 고토까지 회복한 나라
2. 통일된 나라
3. 통일되지 못한 나라
4. 다른 나라의 식민지


여러분은 이 문제의 정답이 무엇이라고 생각하십니까? 물론 당연히 1번이라야 하겠지요. 그러나 우리 현실을 보면 그럴 것 같지 않아 참으로 걱정입니다.

오늘날 이스라엘은 우호적이지 않은 이웃 나라들로 둘러싸인 환경 속에서도 발전을 거듭하고 있습니다. 이는 이스라엘 국민이 시오니즘과 같은 선민사상으로 무장돼 있기 때문이라고 얘기들 합니다. 하지만 이스라엘은 눈에 띄는 강대국이 주위에 없지 않습니까.

우리나라는 러시아, 중국, 일본 모두 강대국 아닙니까. 저는 중국에 출장을 갔다가 중국 지도를 보고 한반도가 정말 작다는 사실을 실감했습니다. 그나마 둘로 갈라져 한반도 남단만 차지하고 있는 것이 바로 우리 대한민국이었습니다. 어지간한 중국의 성 하나보다도 작은 우리나라가 여러 분야에서 중국과 당당하게 겨루고 있다는 사실이 신기하게만 느껴졌습니다.

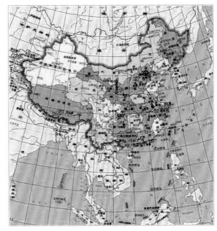
중국 지도

　가끔은 이렇게 중국 지도에서 우리나라를 보는 것도 괜찮은 것 같습니다. 예를 들어, 저 작은 나라에 어떻게 골이 깊은 지역감정이 존재하는지 신기하지 않습니까? 일본 지도에서 우리나라를 봐도 마찬가지였습니다. 일본은 열도 남쪽 태평양의 일부를 영토로 소유하고 있습니다. 그 거대한 바다가 나와 있는 일본 지도에서 보니 우리나라는 여전히 초라했습니다. 러시아 지도는 언급할 필요도 없겠지요.

　우리는 어떻게 이런 강대국들 틈바구니에서 5천 년이 넘도록 · 배달국부터 따지더라도 ―나라를 지켜왔을까요? 이스라엘의 선민사상에 해당하는 우리 국민정신은 무엇일까요? 이 질문에 대한 정답을 우리는 이 하늘 강의에서 같이 찾았습니다. 여러 가지 표현이 가능하지만

### 천손사상
= 하늘을 숭앙하는 선민사상

으로 정리하도록 하겠습니다. 이 사상으로 무장한 우리 조상님들은 유라시아 대륙의 동쪽을 지배했던 것입니다. 그렇습니다. 먼 옛날 유라시아 대륙의 동쪽에는 광명의 땅, 자랑스러운 동이, '東夷'의 나라가 있었던 것입니다. 우리가 오늘날 동해, '東海'를 양보할 수 없는 이유가 무엇입니까. 동해가 한반도의 동쪽에 있어서가 아니라 동해라는 말 자체가 '한국해'를 뜻하기 때문입니다.

환국 → 배달국 → 고조선 → 북부여로 이어진 위대한 동이의 역사가 고구려와 대진국에 이르러 쇠망의 길을 걷게 됐습니다. 그리하여 동이의 유민들은 뿔뿔이 흩어져 다른 나라 사람들이 됐고 일부는 한반도로 내몰려 갇히게 된 것입니다. 한심한 후손들은 장엄한 역사를 까맣게 잊은 채 아직도 '단군 신화'를 얘기하며 비굴하게 살아가고 있습니다. 35년간 식민통치를 받은 후 70년이 지났지만 아직도 그 잔재에서 벗어나지 못하고 있습니다. 우리 조상들이 피로 지킨 고구려의 성들이 만리장성으로 편입되고 있어도 구경만 하고 있습니다. 개천절 공식 행사에 20년이 넘도록 대통령이 오시지 않고 있습니다…… 무슨 얘기를 어떻게 더 하겠습니까. 지역으로, 이념으로, 종교로, 빈부로, 세대차이로, …… 사분오열된 이 나라를 주몽이나 대조영이나 세종대왕인들 어찌할 수 있겠습니까.

저는 대한민국을 다시 포맷하고 싶습니다!

**대한민국은 하늘을 숭앙하는 선민사상을 바탕으로**
**다시 태어나야 합니다!**

지금 이대로는 안 됩니다. 국혼을 바로 잡는 것이 왜 일부 단체와 종교의 일입니까? 우리 모두가 나서야 할 일입니다. 무엇보다도 국민의 애국심 고취에 노력해야 합니다. 대한민국 군인은 왜 목숨을 바쳐 나라를 지켜야 합니까. 우리나라가 5천 년을 이어온 고귀한 천손의 나라이기 때문입니다. 평소 이렇게 정신적으로 무장돼 있을 때 강한 군사력이 나오는 것입니다.

단기 연호를 복원해 병행하려는 노력에도 동참해야 합니다. 사실 저는 이번 기회에 아예 개천 연호로 바꿔야 한다고 생각합니다. 진정한 개천은 배달국의 건국이었으니까 말입니다. 그리고 개천절을 계속 양력 10월 3일로 기념할 방침이라면 10월 1일 국군의 날부터 10월 9일 한글날까지를 '개천축제' 기간으로 정해 전국적으로 행사를 열기를 제안합니다. 연중 가장 날씨가 좋은 이때 전국의 크고 작은 축제가 모두 몰려 있지 않습니까. 호국의 간성인 국군과 우리 문화의 자랑인 한글을 기리는 날이 각각 10월 1일, 10월 9일인 것은 하늘의 축복입니다.

무엇보다도, 공부하는 대한민국을 만들어야 합니다. 21세기는 지식기반경제로 노동이나 자본 같은 생산적 요소보다 지식이나 정보 같은 무형자산이 더욱 중요한 시대입니다. 훌륭한 교육으로 국민의 수준을 높여야만 잘 사는 나라가 될 수 있습니다. 국민이 선비적 삶을 추구하고 소중한 우리말과 우리글을 지키며 우주 시대에 어울리는 문화를 육성해 나아가야 합니다. 그리고 홍익사상을 바탕으로 세계화를 주도해야 합니다.

하늘은 천손의 후예인 우리를 도울 것입니다! 우리 모두 '위대한 대한민국'을 건설해 나아갑시다!

이것으로 '하늘에 길을 묻다' 강의를 모두 마치겠습니다.
감사합니다.

### 블랙홀이 불쑥불쑥 (2001년 김영사)

블랙홀에 대한 본격 입문서. 만화가 많아서 마치 아이들 책처럼 보이지만 내용은 전혀 그렇지 않다. '빛까지 빨아들이는 지옥', '시공간의 무서운 구멍', '우주의 괴물' 등 일컫는 말이 많은 만큼 블랙홀은 흥미로운 천체이다. 눈에 보이지도 않는 작은 것부터 우리 해보다 1억 배 이상 질량이 큰 것에 이르기까지 다양한 블랙홀들을 모두 다룬다. 블랙홀 책이어서 쉽지 않은 것은 어쩔 수 없는 일. 하지만 많은 만화가 독자의 이해를 돕는다.

### 해와 달과 별이 뜨고 지는 원리 (2003년 성우)

학생, 일반, 아마추어 천문가들에게 적합한 천문학 입문서. 저자가 수많은 교사에게 천문연수를 제공하면서 구성한 저자만의 독자적이고 체계적인 해와 달과 별이 뜨고 지는 원리를 소개하였다. 쉬운 내용으로 출발하여 점점 더 어려워지도록 구성되어 있으며 철저하게 독자의 이해를 요구하고 있다. 독자는 내용을 읽은 즉시 연습문제를 통해 자기가 얼마나 이해했는지 확인할 수 있고 익힘 문제를 통해 다시 한 번 내용을 반추할 기회를 갖게 될 것이다.

### 별과 은하와 우주가 진화하는 원리 (2004년 성우)

〈해와 달과 별이 뜨고 지는 원리〉의 자매서. 이 책 역시 쉬운 내용으로 출발하여 점점 더 어려워지도록 구성되어 있으며 철저하게 독자의 이해를 요구하고 있다. 천문학에서 상대적으로 어려운 별, 은하, 우주를 다루고 있지만 암기할 내용은 거의 없다. 앞부분을 이해하지 못하면 뒷부분도 이해할 수 없게 절묘하게 구성되어 있다. 나중에는 우주론과 같이 꽤 어려운 내용도 다룬다.

## 아인슈타인과 호킹의 블랙홀 (2005년 휘슬러)

저자의 저서 중 가장 내용이 어려운 교양과학서. 과학에 자신이 있는 사람이라면 한번 도전해볼만 하다. 전반부 아인슈타인 편에서는 일반상대성원리를 설명하고 이에 근거를 둔 블랙홀 천체물리학을 자세히 살펴본다. 후반부 호킹 편에서는 블랙홀도 빛을 낼 수 있다는 호킹의 새로운 이론을 바탕으로 상당히 어려운 내용까지 분석한다. 코스모스 군도를 관광하는 SF가 중간에 끼어 있어 독자의 두통을 식혀준다.

## 블랙홀 박사의 우주 이야기 (2007년 동아사이언스)

어린이와 초보자를 위한 가장 쉬운 수준의 천문학 입문서. 저자가 직접 그린 〈우주신령과 제자들〉 만화가 내용의 대부분을 차지해서 만화책으로 분류해도 좋을 정도이다. 우주신령은 우주의 구조와 진화를, 은하신령은 별과 은하의 세계를, 지구신령은 지구와 태양계를 관장한다. 아름다운 천체사진을 바탕으로, 1부 아름다운 밤하늘 관측, 2부 신비한 우주탐험, 3부 기상천외한 우주 등으로 나누어져 있다. 3부에서는 제법 어려운 블랙홀과 우주론도 다루어져 있어 입문서로서는 손색없다.

## 개천기 (2011년 동아사이언스)

우리 민족의 선민사상을 널리 알리기 위해 집필된 배달국 천문대장 해달의 1인칭 소설. 배달국 시대에도 우리 조상들은 임금과 신하, 부모와 자식, 친구 사이의 의리를 지키며 지혜롭게 살았음을 보여준다. 주인공 해달은 천부경을 갑골문자로 정리하고, 1년을 12달로 나누고, 팔괘를 연구하는 등 많은 업적을 남긴다. 특히 배달국이 침략을 받자 책사로서 전쟁에 참가해 천문을 이용한 지략으로 적을 통쾌하게 격멸시킨다. 천손의 후예 가슴을 시원하게 뚫어주는 소설이다.